LUCKY

A. MONSERRATT SEPÚLVEDA SÁNCHEZ

No sé muy bien por dónde empezar…
La escritura nunca fue lo mío,
pero hoy siento la necesidad de escribir mi historia…
Por mí y para ti…
…Dedicado a Fabián y su familia.

Antes de que empieces a leer mi historia...

Me gustaría contarte que mi nombre es A. Monserratt Sepúlveda Sánchez, nací el 24 de abril de 1983 en una fría noche de la ciudad de Punta Arenas, ubicada al extremo sur de Chile. Estudié Ingeniería en Construcción en la Universidad de Magallanes y aunque nunca fue mi sueño, me titulé de Ingeniera.

Hija única de Hortensia Sánchez, fui criada por mi madre, sin el apoyo ni la presencia de mi padre. Durante los primeros años de mi vida crecí junto a mi madre en Punta Arenas y a mis abuelos en Talca. Estos últimos al igual que mi madre cumplieron un rol fundamental en mi educación de niña.

A la edad de 10 años perdí a mi abuela, lo que marcó mi forma de ser y desenvolverme durante los primeros años de mi adolescencia, convirtiéndome en una niña rebelde e introvertida.

En 1996 a la edad de 13 años ingresé a la Compañía María Mazzarello de Grupo Guías y Scouts San José de Punta Arenas, grupo perteneciente a la Asociación de Guías y Scout de Chile. Este hito marca un quiebre en mi vida, entregándome una nueva forma de ver las cosas y arraigando en lo más profundo de mi ser, los valores del movimiento Guías y Scout.

I

MI NUEVA VIDA EN SCOUT

Un día cuando tenía 13 años mi mejor amiga "Tati" me invitó a las actividades de las Guías Scout, fue así que ingresé a la Compañía Ma. Mazzarello, este fue el primer paso que cambiaría mi destino. El primer año en las Guías, me hizo cambiar mucho; rompió mi coraza de sentimientos, forjada en 13 años de una vida no muy fácil. Me enseñó a confiar en la gente, me mostró la verdadera amistad y por sobre todo me guió hacia un destino que no me habría imaginado.

Aún recuerdo el día en que nos llevaron a una presentación de lo que sería un gran evento, que se realizaría en Chile, un "Jamboree" (¡nunca escuche esa palabra antes!). Ahí nos explicaron que era una gran reunión de Guías y Scouts, y que seríamos miles de jóvenes de distintos países. La presentación fue muy inspiradora pero la mera posibilidad de participar en algo como esto, nos parecía un sueño... De todas maneras aún teníamos dos años para juntar el dinero para poder ir a este "Jamboree". Fue así como entre campamentos, salidas y actividades transcurrieron los días. Con mi patrulla, que era algo así como mi grupo más cercano, trabajamos muy duro para juntar dinero: limpiamos autos, lavamos ventanas, sacamos la nieve de las veredas, vendimos sándwich e hicimos una serie de otras actividades dirigidas a recaudar dinero.

En lo personal, recuerdo haber dejado mis pies en la calle vendiendo tarjetas de navidad, por cada tarjeta que vendía, yo recibía una comisión, no muy significativa, ¡pero al menos era algo! Fue así como juntamos el dinero para ir. Nunca antes vi un grupo de personas tan comprometidas con una causa. Éramos alrededor de 50 adolescentes usando nuestro tiempo libre para juntar dinero para poder ser parte de este gran evento. Por supuesto, nuestros padres y madres nos ayudaron en esta tarea. Creo que era tan evidente nuestra motivación y ganas de ir... ¡que no tuvieron muchas alternativas!

Luego de este arduo trabajo, ¡finalmente lo conseguimos! Teníamos el dinero para ir, así que nos empezamos a alistar. Tuvimos que aprender bastante, con el objetivo de dejar bien puesto el nombre de nuestra ciudad, nuestra región y por supuesto... nuestro país.

II

El Jamboree

Y llegó el gran día, el día en que viajaríamos a Santiago para luego dirigirnos a este lugar llamado Picarquín... Tomamos el vuelo temprano en la mañana y luego de un largo viaje en avión de 4 horas, llegamos a Santiago. En el aeropuerto ya se respiraba un aire distinto. Había muchos jóvenes como nosotras llegando de variados lugares. Algunos venían de nuestro país... pero también había muchos otros venidos de lugares tan lejanos ¡como África! Era muy impresionante el ver todos esos chicos y chicas ¡con distintos uniformes y pañolines!

Al salir del aeropuerto tomamos un bus en donde conocimos a los chicos que estarían con nosotras en el mismo sector.

El viaje hacia Picarquín ¡nos tomó como una hora! ¡Quizás un poco más! En fin... ¡estábamos ahí! ¡En Picarquín! El lugar se veía muy bonito, pero eso no era nada al lado de lo impresionante de ver el lugar ¡¡repleto de Guías y Scouts!! ¡Parecía una ciudad hecha especialmente para nosotros! (de hecho lo era) ¡Todos eran muy amistosos! ¡¡Saludos en todos los idiomas!! La sensación de la llegada a ese maravilloso lugar es indescriptible...

Esa noche con mi patrulla decidimos ir a dar una vuelta, para conocer el lugar. No parábamos de saludar gente y tomarnos fotos. Y de pronto... ¡ahí estaba él! Con sus ojos azules y su carita de niño. Intentamos saludarlo de la manera en que se saluda en Chile. Y le pedimos que nos diera un beso en la cara... Pero al parecer eso no era muy normal en su país... Comenzamos a conversar con él y nos dijo que lo llamáramos "Lucky" (porque le gustaba fumar Lucky Strike), luego de cruzar algunas palabras descubrimos que estaba perdido, que no sabía cómo volver al sector donde estaba su grupo. Él era... ¡de Suiza! Ni siquiera había escuchado ese país antes... Entre sus pocas y nuestras pocas, palabras en inglés, logramos hacerle entender, que podía venir con nosotras, y que lo ayudaríamos a buscar a su grupo.

Resultó ser, que al lado de nuestro sector de camping había ¡un grupo de Suiza! ¡Y adivinen qué! Él estaba en ese grupo.
Fue así como comenzó nuestra historia...

Al día siguiente se realizaría la inauguración de tan magno evento, pero por el momento, teníamos que buscar donde estaban las carpas en las que dormiríamos esa noche. Luego de dimes y diretes encontramos las carpas, las armamos, cocinamos algo y nos fuimos a dormir.

El segundo día en el Jamboree transcurrió entre, levantar toldos, armar mesas y hacer tooooodo lo que teníamos que hacer, y así llego la tarde, y con ella las preparaciones para la inauguración. Todas corríamos arreglándonos para lucir lo mejor posible. Nuestros uniformes: Camisas, faldas, medias azules y zapatos. ¡Todo perfecto! Cuando nos íbamos a la ceremonia... ¡ahí estaba de nuevo él! ¡Lucky!

Y... ¡adivinen que! Había perdido una vez más a su grupo... ¡Así que decidió venir con nosotras! A mi él me parecía tierno pero no muy atractivo... ¡además era menor que yo! Algo muy importante cuando tú tienes 15 ¡y él 13! Pero en fin él insistía en perderse con nosotras. Entre palabras en Español, Inglés y Alemán

Suizo, además de las siempre útiles e internacionales señas, nos entendíamos. Él me dejó usar su gorrito suizo esa noche.

La ceremonia fue eteeeeeerna... La música era linda pero no lo más indicado para 30.000 personas, entre las cuales, más del 50% eran ¡adolescentes de entre 12 y 15 años! En fin... Esa noche regresamos a nuestras carpas muy cansadas. ¡Pero ya era un hecho! ¡El Jamboree había comenzado!

Una de las actividades que nos tocó en los días venideros, fue la muestra costumbrista, esa mañana no vimos a Lucky. Pero cuando estaba dando una vuelta por la muestra... me lo encontré. Como olvidé, una vez más, que él no saludaba de beso en la cara, coloqué mi cara para decirle hola y ¡algo que en ese momento no noté! ¡Lucky me dio un beso! Luego yo seguí mi camino hacia donde estaban mis compañeras y cuando llegué ahí... fue cuando noté lo que había pasado, algo inusual... el chico que no saludaba de beso en la cara ¡me había dado uno! ¿Significaría algo? Mmm No estaba muy segura...

Así, con variadas actividades los días fueron pasando hasta que llegó la noche de Año Nuevo. 30.000 personas celebraríamos la llegada del último año del milenio. Las últimas horas del año 1998 transcurrieron entre conversaciones, fotos y música. Un gran escenario con música en vivo animaba la velada. Y como ya se había hecho costumbre... Lucky nos acompañaba. Pero algo era distinto esta noche. Mi inseguridad de adolescente no me dejaba darme cuenta del interés que este chico tenía por mí. Y su inseguridad de adolescente no lo dejaba actuar claramente. Primero me dio la mano, luego ¡me la soltó! Luego me tomó de la cintura, pero una vez más me soltó. Mi pequeña cabeza de niña daba mil vueltas, ¡no sabía qué hacer! ¡Estaba muy insegura de todas estas señales! Todo era muy confuso…Pero segundos antes de la llegada del Nuevo año pensé… tengo que decirle que me dé un beso… mmm ¿Cómo se decía eso en Inglés? Mmm ¿me entenderá? Y ¿qué pasa si me dice que no? bueno es ahora o nunca. Él es de Suiza, yo de Chile, la posibilidad de que esto se repita es nula… Así que a mis 15 años me arme de valor y le dije "Kiss me" y como por arte de magia mientras los fuegos artificiales celebraban la llegada del nuevo año. Ese chico que se hacía llamar Lucky me estaba besando. ¡No lo podía creer! ¡Había resultado! Que bella manera de comenzar el año 1999. Lo que yo no sabía, era que en ese momento mi vida estaba tomando un nuevo curso…

Un amor de adolescentes o más bien de niños. Pasamos los días del Jamboree de la mano yendo de actividad en actividad, juntos. Una de las actividades que hicimos fue ir a un módulo donde nos enseñaban a hacer figuras de greda. Teníamos que hacer unos patos. Cuando los terminábamos podíamos dejar los nuestros ahí y elegir otro, para pintar y decorar. Ambos pintamos nuestros patos de varios colores. Él pintó el que terminaría siendo mi pato y yo el de él. Finalmente mi pato, más parecía un arcoíris que un pato. Sus alas eran verdes, su pecho rojo con la cruz blanca de la bandera de suiza y su cabeza amarilla.

Entre románticas caminatas y actividades del Jamboree transcurrieron los días. Entre besos y miradas pasaron las horas. Hasta que llegó el último día, él me regaló varias cosas: su gorrito suizo, su pato, pero lo más importante fue su banco… Ustedes se preguntarán ¿por qué tan importante? ¡Si es solo un banco! Bueno, Fabián o "Lucky" decidió escribir algo en ese pequeño banco de madera. Pero no lo escribió ni español, ni en inglés, ni siquiera en alemán, sino que en alemán suizo. Cuando le pedí que me dijera qué significaba, se negó... Pero ya tendría yo, más adelante, la oportunidad de descubrir el significado de tan importantes palabras.

Así llegó la noche, nuestra última noche. Mi patrulla había decidido que todas dormiríamos afuera a la luz de las estrellas. Solo nuestros aislantes y nuestros sacos de dormir... nada más. Lucky y yo nos recostamos en mi aislante con mi perro de peluche y mi oso de peluche en medio, entre los dos. Y nos quedamos ahí por unos minutos o quizá una hora... No lo sé. Miramos el cielo que lucía brillante y despejado... observamos las estrellas y en eso decidí que yo elegiría una estrella. Elegí la más grande y brillante y se la mostré y le dije: "mira, esa es mi estrella" y en ese momento él me dijo una de esas frases cursis y melosas que pueden sonar muy mal a veces, pero que fue la frase perfecta para que recordara cada palabra de esa noche... "Tú eres mi estrella".

El momento de decir adiós llegó. Yo le regalé mi oso de peluche y él me prometió volver a visitarme a Chile. Y así entre regalos, promesas, lágrimas y mochilas, nos dijimos adiós. Aún lo recuerdo de pie con mi camisa scout y sus shorts verdes, sosteniendo el oso de peluche en su mano izquierda.

El Jamboree se había terminado y con él, mi amor de verano. Lo que yo no sabía era que no sería solo un amor de verano.

III
En Casa de mi Tía

Luego del Jamboree tomé el bus que me llevaría a Talca, a casa de mi tía Gloria. Estas serían mis vacaciones de verano. Mis primitas estaban aún pequeñas, Coni tenía 2 años y Lorena 5. Ambas disfrutaron mucho de mi llegada. Se probaban mi uniforme de Guía y jugaban con mi mochila. Era muy divertido observarlas yendo y viniendo con mis cosas. Pero al llegar esa primera noche me fui a la que sería mi pieza ese verano y al ver a mi perro de peluche con el pañolín de Suiza que Lucky me había regalado, me di cuenta de lo que había vivido. Que no era un sueño, que había sucedido, pero que ya se había acabado. Mi tristeza era muy grande pero me las arreglé para mantenerla sólo para mí.

Fui a revelar las fotos del Jamboree y visité a mi abuelo. Le mostré cual había sido mi "pololo" o "novio" del Jamboree. No estoy muy segura de que aprobara la situación, sobre todo le parecía muy "inapropiado" que aquel jovencito usara un aro en su oreja.

Mis días transcurrieron entre la piscina, llamadas a mi madre y días de mucho calor. Fue en una de esas llamadas a mamá en que me enteré que un chico había llamado a mi casa, pero que no hablaba ni una palabra de español. Para mala suerte mía, mi madre no habla ni una palabra de inglés. Así que ella, no supo entender nada de lo que él intentó decirle. ¡Mi felicidad fue casi tan grande como mi intriga! ¡Me había llamado! ¿Sería él? ¿Por qué me habría llamado? Estaba muy contenta, pero a la vez muy confundida.

Como parte de mis vacaciones nos fuimos con mi tía, mi tío y mis primitas a la Montaña. En ese lugar encontré un poco más de tranquilidad, jugando cartas, andando a caballo, saliendo de caminata por el bosque. Fueron unos días muy lindos que pasamos en "Vilches". Volvimos a casa de mi tía y al llamar a mi madre, mi sorpresa fue aún mayor al enterarme que había recibido una carta. ¡Si! ¡¡Lucky me había enviado una carta!! No podía más de la felicidad, lo único que quería era que pasaran luego los días para tomar el avión a Punta Arenas y poder leer esa carta.

Finalmente el día de volver a casa llegó, viajé a Santiago a tomar el avión que me llevaría a casa.

IV
LAS CARTAS

Al llegar a casa, corrí a mi pieza a abrir mi preciada carta. ¡Él aún se acordaba de mí! ¡"Lucky" no me había olvidado! Su carta era muy tierna, llena de Monse + Lucky for ever. Además en ella me contaba que me llamaría para mi cumpleaños.

Las fotos de él, de su familia y su casa, llenaban mi cabeza de imágenes de este lejano lugar llamado Suiza.

En ese mismo instante, tome lápiz, papel, un diccionario de inglés y comencé a escribirle una carta de respuesta. Mí inglés en aquel tiempo aún era muy básico, por lo cual leer y escribir en inglés era un tremendo esfuerzo, pero mi amor adolescente era más fuerte y me permitía colocar lo mejor de mí en escribirle a Fabián.

Pasaron un par de meses sin saber nada de él, hasta que el 24 de abril de 1999 alrededor de las 6 de la mañana sonó el teléfono. Como yo era quien dormía junto al teléfono contesté, mi impresión fue tan grande que desperté de un salto. Al otro lado del teléfono una voz me decía… ¡¡Hello!! ¡No podía creerlo! Era él… ¡Lucky me estaba llamando para mi cumpleaños! ¡Cómo me lo había prometido en su carta! Mi emoción fue muy grande. No estoy muy segura de qué tanto hablamos, si tomamos en cuenta que esta vez era sólo nuestro básico inglés y nada más, ya que no nos podíamos ver. De lo que entendí, él me contaba que me había enviado un sobre, con un regalo… pero yo ¡no había recibido nada! ¿Qué regalo? ¿Qué sobre? ¿De qué estaba hablando? En fin, luego de 30 minutos de intentar comunicarnos nos dijimos adiós.

Mis días pasaban en espera de mi anhelado regalo, hasta que ¡por fin llegó! Era un sobre bastante grande, con: fotos, un corazón hecho con una bandera suiza (que decía Monse+Lucky, for ever), un CD con música, un casette con música y una carta.

Mi corazón estaba que se salía, ¡no podía creerlo! No solo se acordaba de mí, sino que yo era importante para él.

Así, cada dos o tres meses, iban y venían cartas. Con palabras tiernas y cariñosas con planes que parecían una locura. Con dibujos, fotos y regalos. Las cartas hablaban de amor eterno, matrimonio, hijos, casa y hasta una piscina, muchas palabras que no esperas recibir cuando tienes 16 años…

Pero como ambos decíamos en nuestras cartas, él no estaba aquí ni yo ahí, no podíamos hacer mucho más, que seguir escribiéndonos y soñando con el día en que él me vendría a ver.

V
EL FIN

Pasaron meses y nada, ni una carta. ¿Qué pasaría? ¿Tendría una nueva "polola"? si era así no me importaba, yo aún quería mantener el contacto con él... ¿se habría olvidado de mí?

En mi intento por buscar una explicación, decidí enviarle una carta diciéndole que si era porque ya no me quería como "polola", que ¡no importaba!, que yo ¡quería seguir siendo su amiga!, que por favor me explicara ¡qué había sucedido!... Pero nada.

Pasaron los meses, y nada, ni una señal. Hasta que una tarde en que estaba en casa con mi amiga de la infancia "Tati", pasó el cartero y dejó ¡una carta bajo la puerta! ¡Venía desde Suiza!... Pero ¿¡no era su letra!? Y en el reverso decía que venía ¿¡de parte de su hermana!? Mi cabeza no podía entender, ¿por qué su Hermana me escribía? ¿Qué pasaría? Abrí el sobre apresuradamente, y dentro, encontré un papel en Alemán Suizo y una pequeña carta que decía:

> *Monse:*
> *Lamento tener que darte esta mala noticia pero Fabián tuvo un accidente, estuvo una semana en estado de coma "and he died".*

Recuerdo haber mirado a Tati tratando de buscar una respuesta, ni yo, ni ella, quisimos entender lo que decía la carta. Fui en busca de un diccionario para ratificar lo que mi cabeza me decía pero mi corazón no quería aceptar... ¡Pues sí! Esas palabras significaban que él había muerto. ¡Tati! ¡Se murió! Una lágrima rodó por mi mejilla al darme cuenta de lo que había sucedido, de lo que esta carta significaba. ¡Era el fin! No habría más palabras tiernas, no habría más planes, no habría más espera... las cartas de Lucky no llegarían nunca más.

VI
LA TRISTEZA

Lloré y sentí su pérdida a mi manera, contándole a mis amigas, y sin dejar ver mi dolor. Pero la incertidumbre de no saber qué había sucedido. ¡Me mataba! no sabía qué hacer... Mis días transcurrían entre mi penúltimo año de colegio y mi casa. La pena me embargaba cada cierto tiempo.

Un día decidí escribirle a su hermana "Bettina". ¡No sabía cómo empezar la carta! ¿Qué se debía decir en estos casos? ¿Lo siento? ¿Qué tan sincero se escucharía mi "lo siento", viniendo de una extraña que vivía a miles de kilómetros de distancia?

No recuerdo muy bien que coloqué en esa carta. Pero fue más o menos así:

> *Querida Bettina:*
> *Lamento mucho lo sucedido, tu noticia me entristece mucho. Yo conocí a Fabián en el Jamboree del 98-99 y manteníamos el contacto a través de cartas. Te pido que por favor coloques una flor en mi nombre y coloques este papel.*

Aquel papel, era una pequeña nota de despedida con un beso y mis últimas palabras para él.

Mi carta continuaba con:

Sé que debe ser muy difícil escribirme, pero me gustaría mantener el contacto contigo y tu familia.

Se despide atentamente...

Monse

¡Mi alma buscaba una explicación! En mis días mi cabeza daba vuelta en lo sucedido ¿Realmente pasó? ¿Se murió? ¿Cómo pasó? Por entonces mis preguntas no tenían respuestas...

La muerte y término de mi amor de Jamboree, me afectaron mucho, inclusive llegué a tener un extraño sueño... En el que por alguna razón el cuerpo de Lucky estaba en mi casa, en la tina, desnudo, inerte, azuloso... muerto. Y yo lo contemplaba como queriendo hacer que despertara, ¡queriendo mirar una vez más esos ojos azules! De pronto sus ojos se abrieron y sin decir palabra extendió su mano hacia mí. En mi impresión de verlo despierto, mi reacción no fue mucha, solo comencé a extender mi mano hacia él... Pero en el momento que iba a tocar su mano... desperté, me senté en la cama y miré a mi alrededor... ¡No era mi pieza! ¿Dónde estaba? ¿Qué es esto? Y estaba en esas preguntas. ¡Cuando desperté una vez más! ¡Esta vez sí era mi habitación! ¿¡Que extraño sueño!? ¡Nunca había soñado algo en mi sueño! Pero al menos lo había visto una vez más...

VII
El Mensaje

Sin pensarlo mucho empecé a buscar maneras de viajar y por supuesto mi principal destino era Suiza o Europa. Encontré una posibilidad, EF (un programa de intercambio para estudiantes). Decidí postular pero había un pequeño inconveniente, yo no tenía el dinero para costear dicho programa y mi madre tampoco, ya que era una considerable suma de dinero. Al conversar con la encargada del programa ella me señaló que había una media beca, y que podía postular a ella, así que continué con mi postulación, fui pasando diferentes procesos de selección: entrevistas, pruebas y otras cosas.

Entre tanto un día recibí una carta… ¡era Bettina! Me contaba que era muy difícil escribirme, pero que lo intentaría, comenzó por contarme quién era ella y como este sufrimiento golpeaba a su familia, entre otras cosas. Más cartas fueron llegando cada 2 o 3 meses y yo respondía a cada una de ellas. Fue en una de estas cartas que yo envié, que le conté que estaba postulando a un intercambio en Suiza. Y además decidí preguntarle cual era el significado de aquellas palabras que Lucky había escrito en Alemán Suizo, en el pequeño banco de madera que me había regalado en uno de los últimos días de aquel Jamboree.

La respuesta a mi carta se tardó bastante más de lo normal… hasta que un día llegó una carta, con otra letra, ¡pero venía desde Suiza!

Al abrirla encontré una hermosa tarjeta, y efectivamente no era la letra de Bettina, sino que, la de su madre. Ella me explicaba que Bettina estaba muy ocupada con sus estudios, razón por la cual no podía responderme, pero que lo haría más adelante.

Además me decía que estaba muy contenta que Fabián y yo tuviéramos la oportunidad de conocernos en tan significativo momento. Y que si iba a Suiza, les avisara si necesitaba algo.

Pero lo más importante de todo, fue la traducción de las palabras de Lucky. Las palabras que ese chico de ojos azules, me había dedicado en aquel banco, eran de esas que te paran los pelos, y que ¡cortan tu respiración!

"Recuerda siempre… disfrutar la vida. Recuerda que nunca deberías olvidar a quien te amó"

¡Pero qué palabras! ¡Para un niño de 13 años! ¡No lo podía entender! ¿Cómo era posible que me escribiera algo tan profundo?

El tiempo siguió transcurriendo y mis planes de irme de intercambio iban creciendo día a día. Todo parecía ir perfecto. Me iría a Suiza o Alemania estaría ahí un año, tendría la posibilidad de conocer a la familia de Lucky, sabría qué había pasado y muchas preguntas encontrarían respuesta. Luego volvería a terminar mis estudios y a prepararme para la prueba que me llevaría a la universidad. Ese era mi castillo de cristal, perfecto y hermoso… hasta que de un golpe volví a la realidad: la institución ¡no me había dado la media beca! ¿Qué haría ahora? ¡Todo estaba arruinado!

Esa fue la primera vez que me di cuenta que no tenía tolerancia a la frustración. Mis planes se habían derrumbado, ¡mi castillo de cristal estaba en el suelo! Mi ánimo decayó mucho hasta el punto que ya no dormía bien. ¡Dormía mucho! Pero mi cuerpo estaba muy cansado... muy deprimido. Así fue como el último año de colegio pasó entre medicamentos para dormir y antidepresivos. Fue en ese momento cuando una nueva luz llegó a mi vida, mi compañera de muchas aventuras, si bien no es la mascota perfecta, es la que en parte me sacó de ese hoyo, en el que estaba metida. Mi Kasy, llegó en el momento perfecto. Aún así, el mensaje de Lucky seguía dando vueltas en mi cabeza, día y noche...

Disfrutar la vida... apreciar lo que tienes... vivir el día a día... y sobre todo... ¡NO construir castillos de cristal! Lo cual ¡no significa, no soñar! Simplemente significa, ¡mantenerte alerta! ¡Y con un pie en la tierra! Que si estás soñando no estarás lista a tomar las oportunidades que te da la vida...

VIII
Primer Intento

El colegio terminó y di la prueba de ingreso a la universidad... Ahora solo tendría que esperar los resultados... ¡Y ya vería yo que hacer una vez que los tuviera!

Nos fuimos de vacaciones con mi madre y mi perra. ¡Mi primer viaje largo en auto! ¡Manejé cerca de 3500 km! En el medio de este viaje recibí los resultados. ¡Me había ido bastante bien! Pero ¿qué haría ahora? ¿A qué ciudad me iría a estudiar?

Postulé a distintas carreras: piloto comercial, administración de empresas de turismo, entre otras. Como verán ¡no tenía nada claro!

Continué mis vacaciones, pasando los días con mis primitas, mi tía y mi abuelo. No quería pensar mucho en eso de la universidad.

Pero los resultados llegaron. Estaba aceptada en la Universidad Austral de Valdivia, una ciudad que queda a un par de horas de Punta Arenas... ¡En avión!

Cuando las vacaciones ya se acababan, emprendimos el viaje de retorno, lo que implicó pasar por Valdivia a finiquitar todos los arreglos para que pudiera vivir en esa ciudad y estudiar en esa universidad.

De regreso en casa, la sensación de tener que irme ¡se iba acercando cada día más! Y lo único que sabía era que desde lo más profundo de mí ser... ¡no me quería ir! ¡Quería quedarme en casa, con mi madre y mi perra!

Pero el día llegó y mi madre, de algún modo, se podría decir que ¡me forzó a irme! En el aeropuerto yo lloraba y suplicaba por quedarme, pero mi madre, con mucha entereza contenía sus lágrimas e intentaba convencerme que tenía que irme, ¡Que era lo mejor! Así fue como partí, ¡llorando desconsoladamente!

Al llegar a la universidad todo era nuevo y a decir verdad en un principio era bastante entretenido conocer nueva gente, vivir en un nuevo lugar, ¡tener una nueva vida! Pero definitivamente ¡no estaba lista! Luego del primer mes empecé a extrañar mi hogar y a su vez mi madre comenzó a extrañarme.

No quería estudiar, no comía, ¡estaba muy triste! Y la lluvia interminable de los meses de otoño, no ayudaban mucho. Todo ¡Tan gris! ¡Tan húmedo! ¡Tan triste! Todo me parecía deprimente...

Finalmente, luego de varias conversaciones con mi madre... ¡decidí volver! Y mi madre aceptó que yo volviera.

IX
Segundo Intento

¡Estaba de vuelta en mi ciudad! ¡En mi casa! ¡En mi hogar! Pero aún quedaban ¡más de 6 meses del año! ¿Qué podría hacer? En mi cabeza aún seguía presente mi idea de viajar... (Aunque parecía muy lejana). Es así que decidí tomar un curso de inglés.

Además retornó a mí una afición de toda mi vida... ¡El canto! Inclusive por unos meses ¡estaba decidida a estudiar canto en una academia! Por lo cual también comencé a tomar clases de guitarra. Mientras tomaba clases de guitarra el recuerdo de mi amor adolescente, una vez más, volvió a mí. Y esta vez, decidí componerle una canción: "Historia de un par de ojos azules". Una canción bastante básica, fácil de tocar en guitarra y que narraba mi historia... ¡mi cuento de hadas con un final trágico!

Divagué entre la idea de ser cantante y volver a intentar una vez más estudiar en la universidad, pero esta vez en otra ciudad.

La decisión no fue fácil pero luego de varias llamadas a escuelas de canto, decidí que el canto no sería lo mío y que daría una vez más la prueba de selección para la universidad y que postularía a Arquitectura.

Esos 6 meses no fueron un tiempo muy largo... pero tiempo suficiente para mejorar mi inglés, aprender un poco de guitarra, dar la prueba de selección para la universidad y quedar seleccionada para estudiar arquitectura.

¡Todo comenzaba una vez más! Viajé a una nueva ciudad, llamada Valparaíso. Esta ciudad ¡estaba aún más lejos de mi hogar que Valdivia! pero era el lugar donde había quedado seleccionada y además era una buena universidad. Comencé mi año sin estar muy convencida y a medida que transcurrieron los primeros meses mis dudas eran aún más grandes. ¿Era realmente Arquitectura lo mío?

X
Una Pena Inesperada

La universidad y las fiestas llenaban mis días y noches. ¡Estaba contenta! ¡Se aproximaba mi cumpleaños!

Pero ese 24 de Abril fue distinto, aunque yo no lo noté ese día... Comencé mi día yendo a la universidad, luego de lo cual me dirigí a croquear. Actividad muy común entre los estudiantes de Arquitectura, que consta en hacer un dibujo rápido de un espacio en particular. Pero, ¡yo era terrible! A mí no me tomaba 2 minutos un croquis si no 10 o quizás hasta 20. Estaba en eso, cuando recibí una llamada... Era mi tía Kena, madre de mi mejor amiga o mejor dicho, de quien es como mi hermana. Ella siempre fue mi segunda madre, fue quien me acogió en su casa y su familia. Quien me abría la puerta cuando se me ocurría ir a jugar a las 8 de la mañana un día domingo. Era quien me consolaba cada vez que peleaba con mi madre. Y era quien convencía a mi madre para que me diera permiso para salir.

Por supuesto mi tía Kena ¡me llamaba para desearme feliz cumpleaños! Pero esta llamada fue fuera de lo común. Mi tía, no me estaba llamando desde su casa con toda la familia, como lo hacía normalmente, ¡sino desde la oficina! Me preguntó cómo estaba… Me dijo que tenía que aprovechar las oportunidades que mi madre me daba… que me quería mucho.

Lo último que me preguntó, era si tenía el nuevo número de mi amiga Tati (su hija). Le señalé que sí y me respondió ¡que era importante que lo tuviera!

Al día siguiente seguí croqueando, aún me faltaba mucho para terminar los 150 croquis que tenía que presentar el día lunes, pero hoy era viernes ¡Y teníamos fiesta! Y ya tendría todo el fin de semana para seguir croqueando.

Cuando estaba en medio de la fiesta recibí una llamada de mi madre, quien quería saber si tenía el número de celular de mi amiga Tati, pero ¡no lo tenía guardado en mi celular! Lo tenía en mi agenda, la cual estaba en mi casa. Le pregunté por qué lo necesitaba pero me dijo que nada importante, que querían comunicarse con ella. Le dije que no sabía a qué hora iba a llegar a casa, pero que la llamaba si llegaba temprano.

Luego de un rato ¡me volvió a llamar! Preguntando si ya tenía el número... Me pareció muy extraño y le volví a preguntar... ¡Pero nada! Una vez más me dijo que sólo necesitaban ubicarla.

Le dije que llamara a mi casa y que le preguntara a mi compañera de casa por el número. Que lo podía encontrar en mi agenda en la página de los teléfonos.

La fiesta continuó ¡hasta altas horas de la madrugada!!

Al día siguiente me levanté bastante temprano para volver a salir a croquear, aún me quedaban ¡más de 100 croquis por hacer! Y solo dos días para tenerlo listo.

Pero antes de salir de mi casa le pregunté a Ivonne (Mi compañera de casa). ¿Sabes si ubicaron a Tati? ¿Sabes por qué la estaban intentando ubicar? Intenté llamar a mi madre, pero no había nadie en mi casa... ¿Crees que debería irme a croquear? En eso, ella me dijo... Monse ¡mejor quédate! ¡Espera a que tu mamá te llame! Le pregunté ¿¡por qué!?... Luego de dudarlo por unos segundos me dijo "Monse, se supone que no te tenía que contar nada pero... tu tía Kena está hospitalizada".

Fue así como me enteré que mi tía Kena, ¡mi segunda madre! Había tenido un derrame cerebral. Fue en ese momento cuando su llamada ¡calzó! ¡Se había despedido! ¡Por eso había sido tan extraña! Mi tía se iba a morir...

Esperé la llamada de mi mamá, como mi compañera me sugirió... Cuando ¡por fin llamó! Mi madre ¡no era capaz de hablar! Sólo me decía... "Monse, la Kenita se nos muere".

Mi intuición había sido correcta, lo que mi tía tenía, era grave, y no había vuelta atrás. Mi pena era enorme, no sé qué me dolía más... ¡Si el no haberme despedido de ella! o ¡estar lejos de la familia! o ¡simplemente el no estar ahí para abrazarlos y compartir la pena!

Llamé a varios amigos de mi Grupo Guías y Scouts para asegurarme que mi amiga y su familia, no estarían solos en estos momentos, e intenté de alguna manera estar presente a pesar de la distancia.

El resto del día transcurrió entre lágrimas y una caminata con mi amiga Daphne, quien también es amiga de Tati. Las preguntas de siempre surgían una vez más ¿Por qué la gente se tiene que morir? ¿Qué pasará después? ¿Cómo podemos continuar viviendo con una pena tan grande?

Y una vez más llegué a la misma conclusión ¡no dejamos de extrañarlos! ¡Nos acostumbramos a su ausencia! Buscamos consuelo de variadas maneras: Dios, ángeles, amigos, en fin cada cual busca su propio consuelo.

Yo desde ese momento decidí que tanto mi tía Kena, como Lucky e incluso mi abuela. ¡Seguían viviendo dentro de mí! ¡A mi lado! cuidándome, a mí y a todos aquellos que formaron parte de su vida.

Además decidí creer que una vida no se termina sólo porque mueres… sino que ¡continua en cada una de las personas que conociste! ¡En cada una de tus historias! ¡En cada uno de los corazones que tocaste! Pensamiento que Bettina compartió conmigo en una de sus cartas.

XI
El Regreso

Luego de la muerte de mi tía Kena, mi cabeza se llenó de dudas y ¡mi corazón de miedo! ¿Qué haría yo si mi madre se muriera? ¿Qué pasaría si mi mamá se fuera y yo no estuviera ahí?

Me di cuenta que tenía que aprovechar de estar con ella mientras pudiera, y decidí volver a casa.

Terminé mi año de arquitectura y comencé a tramitar los papeles para una transferencia a la Universidad de Magallanes, institución que se encuentra en mi ciudad natal, Punta Arenas.

A pesar de que estaba decidida a volver, mi rumbo en la vida aún tenía mucho por cambiar. Arquitectura definitivamente no era lo mío, si bien era muy buena en matemáticas, geometría y haciendo maquetas (modelos a escala de construcciones), en dibujo y espacio era terrible. Simplemente no tenía ¡la concepción de espacio que un arquitecto debía tener! Recuerdo lo frustrante que era el trabajar para obtener un 2.0 (en escala de 1.0 a 7.0), irónicamente la única vez que logre obtener una nota buena fue en el último trabajo que hice en Espacio. Pero ya era muy tarde, la decisión estaba tomada, me cambiaría a algo un poco más "cuadrado": ¡Construcción Civil!

Volví a casa luego de un año de estar fuera, año en el que la pena y la pérdida me habían golpeado nuevamente. Y a pesar que la vida ya no era la misma y muchos de mis amigos y amigas ya no estaban ahí… ¡aún era mi hogar! ¡Con mi madre! ¡Mi perra! Mi ciudad… ¡Punta Arenas! ¡Lugar de ensueños! que tiene esa cosa extraña de amor y odio. Cuando estás ahí ¡te sientes atrapado!, ¡fuera de contacto! Pero cuando la dejas… ¡te llama el Estrecho! ¡El viento! ¡El frío! ¡Sus calles! ¡Su gente! No dejas de extrañarla ni por un momento y te llena el alma cada vez que escuchas a la asistente de vuelo decir… "Estimados pasajeros hemos arribado a la ciudad de Punta Arenas"

Empezaba un nuevo año en mi vida… de vuelta en mi ciudad, estudiando una nueva carrera, conociendo nueva gente.

Mis días se llenaban entre reuniones de grupo para desarrollar trabajos para la Universidad, reuniones del Grupo de Guías y Scouts San José, caminatas con mi Kasy y compartir mí tiempo con mi familia adoptiva: la familia de mi tía Kena. Y sobre todo con los dos hijos más pequeños Diego y Marito al que yo de cariño llamo "Piojo".

Con altos y bajos mis años en la universidad fueron pasando… ¡Esta vez parecía haber elegido bien! Al menos logré aprobar gran parte de mis materias…

XII
Guiadora de Compañía

Si bien llevaba muchos años siendo Guía…y a lo largo de mi vida como Guía y Rutera había vivido variadas experiencias. Aún no había tenido la oportunidad de darme cuenta de que dentro de mí había una Líder… ¡No perfecta! ¡Pero la condición estaba en mí!

Al regresar a mi ciudad me reintegré a mi Grupo de Guías y Scouts, primero como asistente de los más pequeños, también llamados "Manada", que son niños de entre 7 y 11 años. Disfrutaba mis días sábados saltando, gritando y danzando. El ver a los niños reír, e imitar lo que yo hacía ¡me llenaba de alegría! Pero mi verdadero desafío aun no llegaba.

Para Campamento de Invierno del 2004 me pidieron que fuera a cargo de la Compañía de Guías María Mazzarello, niñas de entre 11 y 14 años. Eran sólo cuatro niñas… Eso me hizo recordar mis tiempo en la compañía, con más de 50 niñas, que compartían las actividades conmigo. Ciertamente estas cuatro niñas no estaban teniendo la misma experiencia…

Luego del campamento la encargada de Compañía, informó que no podría seguir a cargo, por motivos personales. Razón por la cual el Grupo me pidió que tomara el cargo. Ese fue el momento en que ¡mi líder interno afloró! Decidí motivar a las niñas para hacer crecer nuestra Compañía. Hicimos varias actividades de difusión, y sábado tras sábado más niñas se fueron uniendo a nuestras actividades. Hasta que llegué a tener alrededor de 30 niñas a mi cargo… ¡todas adolescentes! Aun no sé cómo hice para no volverme loca…

Entre actividades de día sábado, salidas y campamentos, les fui enseñando todo lo que sabía. Todo aquello que alguna vez había aprendido en mis tiempos de Guía. Desde coser de manera correcta una insignia, pasando por utilización de herramientas y sobre todo, lo más importante… Los valores del Movimiento Guías y Scouts de Chile y por supuesto de mi persona.

En el transcurso de 6 meses, vi a este grupo de cuatro niñas, convertirse en esforzadas y trabajadoras adolescentes. Como no tenía ninguna ayudante… estas chicas se convirtieron en mi mano derecha.

Luego de mucho esfuerzo y trabajo… ¡lo habíamos logrado! La Compañía de Guías María Mazzarello volvía a contar más de 30 integrantes en sus líneas.

Pero por supuesto el liderar a 30 chicas sin ayuda de otra Guiadora era una tarea que desgastaba y agotaba. Y entre mis horas de universidad, reuniones de trabajo y reuniones de Grupo no me quedaba mucho tiempo. Es por eso que cuando llegó más gente al grupo a ayudarnos con la tarea de liderar la Compañía… yo di un paso al costado y decidí tomar un tiempo de receso…

XIII

INGLATERRA 2007

Mi madre estaba muy contenta porque esta vez estaba avanzando en la universidad y estaba aprobando mis materias. Y por esa razón ella me ofreció algo muy preciado... ¡costearme el viaje a un Nuevo Jamboree Internacional! Lo conversamos un par de veces hasta que yo desistí de la idea. Ya que ni siquiera estaba activa en el Movimiento.

De vez en cuando recibía una carta de Bettina... Y eso me hacía revivir una vez más todo lo pasado... Y volvía a leer y releer mis cartas y mirar sus fotos... Mi memoria parecía estar en "stand by". Hasta que por alguna razón recordaba que muchos años atrás en un evento de Guías y Scouts había conocido a un chico que me había dejado un mensaje de vida... Y en esos momentos era cuando algo no calzaba... ¿estaba haciendo lo que realmente quería? ¿Era feliz? ¿Estaba aprovechando mi vida?

Fue en uno de esos momentos cuando una vez más sentí la necesidad de hablar del tema, de buscar fotos del Jamboree del 99, de compartir mi historia. Estaba buscando fotos en internet... pero en vez de encontrar fotos del Jamboree del 99 me apareció una página del Jamboree de Inglaterra 2007 que decía "¡Aún estás a tiempo de inscribirte!" ¿Qué significaría eso? ¿Sería un mensaje divino? ¿Qué podría hacer? ¡Ni siquiera estaba activa en la Asociación de Guías y Scouts de Chile!

Pero la inquietud ya estaba sembrada... Hablé con mi madre para ver qué opinaba ella del tema... ya que como estudiante, que no trabaja, ¡no tenía ni un peso para costearme semejante viaje! Y ella después de mucho análisis decidió que me lo merecía y me dijo que ella podría ayudarme a pagar los gastos.

Mi siguiente paso era ver qué pensaba mi Grupo de Guías y Scouts de todo esto... Llamé a mi amiga Romina que por esos días era Jefa de Grupo y le conté lo que había pasado. Le dije que mi intención era ver si alguien más se quería sumar, y que yo, me ofrecía a coordinarlos y a hacerme cargo del tema. Por suerte mi amiga aceptó mi propuesta... con la obvia condición que me reintegrara a las actividades habituales del grupo.

Primero conversé con los dirigentes y guiadoras del grupo, para ver si alguien se quería sumar a la Delegación Chilena del Equipo de Servicio para este evento. Fue así que logré incluir a otras dos compañeras y amigas que estaban interesadas en participar.

Luego mi inquietud fue mayor, ¿Por qué no intentar motivar a algunos apoderados y jóvenes a ver si se animaban a que sus hijos e hijas tuvieran la oportunidad de vivir semejante experiencia? ¡Un Jamboree Internacional! No cualquier Jamboree... ¡el que celebraría los 100 años del Movimiento en el mundo!

En fin, no fueron muchos los que se sumaron, ya que los costos eran bastante considerables y sólo quedaba poco más de un año para recaudar fondos.

Aún así con dos chicas, un chico y otras dos guiadoras, armamos la delegación de nuestro grupo. ¡Tres participantes (menores de 16) y tres ayudantes en Servicio!

Recorrimos varias de las más importantes empresas de la ciudad buscando financiamiento y soporte para algunas actividades dirigidas a recaudar fondos. En muchas de ellas encontramos ayuda… en otras no hubo respuesta.

Con altos y bajos, con pros y contras, logramos organizar todo e ir a este magno evento.

Las tres integrantes que íbamos de Servicio junto a otra asistente de otra parte del país ¡fuimos aceptadas también para ser parte de un equipo especial! ¡El equipo que levantaría el campamento! También llamado Jamboree Building Team (JBT). Por esta razón viajamos un mes antes a Reino Unido… Más tarde se nos uniría la Delegación Chilena, la cual incluía a los tres participantes de mi grupo, que habían trabajado con nosotras para poder ser parte de este evento.

¡Fuimos las primeras extranjeras en llegar a formar parte de tan selecto grupo de personas! ¡El viaje en avión fue eterno! Una vez que llegamos a Londres… ¡teníamos que encontrar nuestro camino hacia un lugar llamado Skreens Park! ¡La experiencia fue todo un desafío! Con nuestro básico nivel de inglés y el cansancio de más de 14 horas de vuelo y más de 20 horas en viaje. ¡No éramos las mejores comunicándonos! Pero a eso de las 12 de la noche, con unas ojeras que nos llegaban hasta el piso. ¡Logramos dar con el lugar que estábamos buscando!

Fuimos muy bien recibidas por un caballero de avanzada edad que nos dio la bienvenida en un idioma que él llamaba ¡"portuñol"! (mezcla de Portugués y Español). ¡Nada mejor! ¡Una cama esperándonos, comida, unos brazos cálidos y amistosos que nos daban la bienvenida!

Al día siguiente comenzamos la ardua labor de armar esta ciudadela que albergaría a más de 30.000 personas en un lugar llamado Hyland Park. Dentro de las tareas que hicimos, estuvieron: armar carpas, marcar sitios, ordenar materiales, entre otras cosas. Pero mi mayor contribución fue el demarcar la zona de carpas. ¡Suena bastante fácil! Pero cuando hay un plano y un diseño que seguir… todo cambia.

Como yo estaba estudiando Construcción y tenía bastantes conocimientos acerca del tema, me eligieron a mí y a Claudia, una de mis amigas del Grupo San José que había viajado conmigo, para hacernos cargo de la demarcación de lo que sería la mayor atracción del sitio al ser mirado desde el cielo, La Flor de Liz (emblema del Movimiento Scout). Ustedes dirán y ¿qué importancia tiene el cómo se vea desde el cielo??? Bueno, les cuento que el sitio del Jamboree estaba ubicado en medio de los principales aeropuertos de Londres, por lo cual cada avión que pasara por sobre el sitio del Jamboree podría mostrar a sus pasajeros el sitio en que se estaban celebrando los cien años del Movimiento.

Luego de los días de trabajo en el JBT, pasamos a trabajar como Equipo Internacional de Servicio (IST). Estaba en eso, cuando uno de mis jefes del JBT, se acercó a mí para decirme "¡Monse! ¿Sabes? La Flor de Liz quedo muy bien hecha, ¡tu trabajo le gustó mucho al Príncipe Williams!" ¡Wow! ¡No lo podía creer! ¡El príncipe Williams! ¡Ese que salía en televisión de vez en cuando! ¡A él! ¡Le había gustado mi trabajo! Esto me llenó de felicidad y orgullo. Sentimientos que por supuesto, compartí con mi amiga Claudia.

Así fue como transcurrió mi Segundo Jamboree, ¡esta vez como parte del equipo que hace posible que actividades como estas sucedan!

¡Actividades que son un grito de esperanza para el mundo! ¡De aceptación de diferencias! ¡De amistad! ¡De vida!

XIV
HOME HOSPITALITY
-
HOSPITALIDAD DE HOGAR

Luego del Jamboree, el mundo Guías y Scouts ¡nos tenía preparada una sorpresa más! Gracias a Felipe, otro de los scout pertenecientes a la delegación nacional, nos enteramos que existía la posibilidad de sumarse a una actividad llamada ¡Home Hospitality! dirigida a Guías y Scouts extranjeros, que se encontraban en Europa con motivo del Jamboree.

Fue así como surgió la oportunidad de viajar a Bélgica ¡y ser alojados por una familia Belga!

El día en que dejábamos el lugar del Jamboree conocimos a las que serían dos de nuestras anfitrionas. Hicimos un viaje que tardó algunas horas, junto a la delegación belga.

Luego de eso nos distribuimos en las correspondientes casas. En la casa de nuestra familia belga éramos 3 chilenos y 2 austríacos, sumados a los integrantes de la familia.

Cuando llegamos fue grande nuestra sorpresa al encontrar la bandera del movimiento scout ¡izada en nuestro honor!

¡Nos sentimos tan acogidos con nuestra familia que comenzamos a llamar hermanas a nuestras anfitrionas y papá y mamá a sus padres!

El primer día nos dedicamos a descansar... ¡nos lo teníamos merecido después de un mes y medio de arduo trabajo y un mes de dormir en carpa!

¡Fue maravilloso el dormir en una cama nuevamente! ¡Y al levantarnos! ¡Uno de los mejores desayunos! ¡Todo era perfecto! ¡Delicioso!

¡Nuestra familia era perfecta!

Pasamos 5 días con la familia Saey:

-*Primer día:* De descanso, flojera y largas conversaciones que nos permitieron compartir y conocernos.

-*Segundo día:* En Bruselas con las hermanas y con otras Guías y otros Scouts, dando vueltas por la ciudad, ¡sacando fotos, maravillándonos a cada paso que dábamos! Quedándonos pegados en las vitrinas que enseñaban ¡fuentes de chocolate derretido!

-*Tercer día:* De viaje en familia a Gents, el lugar donde nuestras dos hermanas estudiaban. Caminatas, un paseo en bote, chocolates, el castillo de las cuentas... Un día simplemente perfecto

-Cuarto día: ¡Un día de descanso, familia, amigos de la familia y piscina! A demás aquel día esperamos hasta la medianoche, para saludar por su cumpleaños a la menor de la familia, nuestra hermana Audrey.

-Quinto día: El día de dejar Bélgica y nuestra familia Belga...

Parecía increíble que en sólo cinco días nos hubiéramos vuelto tan parte de esta familia... Lágrimas corrieron por nuestras mejillas al despedirnos y notar que quizás no nos volveríamos a ver.

XV
DE REGRESO EN CHILE

Mi tiempo de Jamboree, una vez más se había terminado, ¡y tenía que regresar a mi vida normal! ¡Seguir estudiando! Terminar mi primer semestre ¡que había dejado inconcluso debido a este viaje! Pero las cosas no resultaron muy bien… estaba bastante atrasada con las materias y además me había torcido un tobillo jugando en las actividades de Grupo de Guías y Scouts. ¡Por lo que tendría que estar un par de semanas con yeso!

¡Esto desencadenó una nueva decisión! Decidí que iba a trabajar por lo que quedaba del año y que retomaría mis estudios en el siguiente año.

Conseguí trabajo en un Parque Nacional que se encuentra a unas 6 horas de mi ciudad, "Torres de Paine". Un lugar hermoso en donde aprendí lo que era trabajar fuera de casa, con un rol de 12 días trabajando y 3 días libres.

En este lugar entre horas de trabajo, fiestas y tiempo libre se terminó mi año. Incluso aún recuerdo la fiesta de Año Nuevo, en donde me tocó ser la barwoman. Eran las doce de la noche cuando yo estaba preparando un pisco sour… Qué entereza tuve para poder seguir trabajando ¡a pesar de aquella amarga sensación en la garganta! ¡Porque no es fácil estar lejos, trabajando y sin verdaderos amigos en el lugar!

Logré juntar algo de dinero, debido a lo ordenada y planificada que fui, y que aún sigo siendo con mis gastos. Usé algo de lo ahorrado para mis vacaciones de ese año y el resto quedó guardado en una cuenta bancaria, sin ningún objetivo, no sabía para que lo tenía ahorrado, sólo estaba ahí. Un año más de universidad comenzaba con lo típico de siempre, los ramos, las interminables horas de clases, estudio y trabajos.

Ese año pasó sin mayor importancia, lo bueno era que como ya tenía los ramos necesarios aprobados, podía hacer la práctica. Por lo que en las vacaciones de verano del año 2009 decidí hacerla. Fue una buena experiencia pero como todo lo que tiene que ver con valor del tiempo y trabajo de las personas en mi país. No recibí mucho dinero, pero al menos me pagaron algo con lo que recuperé lo invertido en locomoción. Y me fui unos días a Viña, una ciudad costera del centro norte de mi país. A pasar unos días con mis amigas de toda la vida Tati y Romina.

XVI
Un año de Alegrías

En las vacaciones de verano del 2009, fuera de mi práctica profesional, algo más importante pasó. La perrita de mi tía Gloria tuvo 7 cachorros y entre ellos había una muy pequeñita, la cual ni siquiera alcanzaba a comer bien porque sus hermanos la empujaban y no la dejaban mamar. Era del tamaño de mi mano y era especialmente fea. Pero esto despertó mi instinto protector por lo que empecé preocupándome de que comiera y terminé pagando para llevármela a mi ciudad.

La pobre pequeña tuvo que soportar un viaje en bus de 3 horas, en donde la trataron como si fuera un bolso más y me solicitaron que la dejara en el lugar para las maletas. Luego de eso nos tocó esperar toda la noche en el aeropuerto por el vuelo que salía a primera hora de la mañana. La Niki una vez más tuvo que tomar los medicamentos que la hacían dormir. Y luego de 3 horas en avión… arribamos a la ciudad de Punta Arenas. Esta pequeñita fue un regalo de alegría y de vida, para mí y mi perra más vieja "Kasy".

Además era mi último año de universidad por lo que las horas de clases eran escasas y con ello el tiempo para pasear y escaparme al Cerro Andino, que es un lugar en donde se practica esquí en mi ciudad, fue mucho más. Disfruté cada momento de mi pequeña cachorra, viéndola jugar con la Kasy, llevándola a conocer la nieve. Son recuerdos que tendré por siempre en mi corazón.

Incluso una vez fuimos con mi "Piojo" o Marito, el hijo menor de mi tía Kena y hermano de mi mejor amiga Tati, a pasear al Andino como solíamos hacerlo, pero esta vez con la pequeña Niki. ¡Hasta le hicimos un iglú! Y mientras nosotros jugábamos y practicábamos andar en snowboard ella corría feliz de arriba abajo entre la nieve.

Fue a mediados de ese año cuando me contacté con uno de mis amigos del Jamboree que tengo en el mundo, el cual me contó que estaba de voluntario en Gilwell Park… Gilwell es el primer centro de entrenamiento para dirigentes Scouts y hoy en día es en un Centro de Actividades Scouts. ¡Mi impresión fue grande! ¡Ser voluntario en un centro scout! ¡Qué genial! ¡Ya quisiera yo tener esa oportunidad! Fue así como mi amigo me dio un mail, un contacto, lo que me llevó a postular para ser voluntaria de Gilwell por un año. Pero para poder realizar esto, debía primero hacer una serie de cosas… primero, terminar mi carrera, luego juntar algo más de dinero…porque, si bien tenía aun el dinero que había ahorrado el año 2007, este no sería suficiente para semejante gasto.

Mientras me encontraba haciendo la tesis, me llegó la respuesta desde Inglaterra… ¡estaba aceptada para ser parte del equipo internacional de voluntarios de Gilwell Park! ¡Y no solo yo!... Mi amiga Tati… ¡también había sido aceptada!

Trabajé en varias cosas, relacionadas y no relacionadas a mi carrera. Revisando proyectos, haciendo planos, de barwoman y estando a cargo de pequeños proyectos. ¡Todo era bueno si de juntar dinero se trataba!

Pero el tiempo no era suficiente para terminar mi tesis antes de irme. ¡Aaaah! ¿Qué hago? Hable con la gente de la Universidad y llegamos al acuerdo que podría corregir mi tesis desde Inglaterra... pero ¿cómo haría para defenderla?... ¡SKYPE! me coloqué en contacto con el encargado de computación de la universidad... quien me dijo que a pesar de que nunca antes se había defendido una tesis a través de una videoconferencia, esto era posible, que incluso había profesores que hacían clases por videoconferencia. Así que no debía haber problemas.

Fue así como entre mi esfuerzo y la ayuda de mi madre, logré tener todo listo para mi viaje. Y con ello el tiempo de dejar mi ciudad llegó... Pero por supuesto debía pasar a ver a mi familia antes de dejar mi país.

XVII

El Terremoto

Había pasado unos días con mi tía Gloria, mis primitas, mis tíos, mi abuelo y mi mamá. Y el último día en Talca había llegado, tenía que arreglar todo para emprender mi viaje al viejo continente. El 26 de Febrero del 2010 en la noche estaba arreglando todo, el 27 viajaría a Santiago para juntarme con mi amiga Tati, para luego, el día 28, ir a tomar el avión que nos llevaría a Londres.

¡Nunca había sido tan difícil preparar una mochila! ¡Tenía que llevar todo lo necesario para un año! Fue así como entre armar y desarmar mi mochila me dieron las 3 de la mañana... finalmente todo estaba listo para viajar con mi madre y mi prima Lore a Santiago... pero no contábamos con que la naturaleza nos jugaría una mala pasada, no sólo a nosotras... sino que a todo el país...

Eran las 3:34am cuando la tierra se empezó a mover... la cama donde yo hace media hora había conciliado el sueño, estaba junto a la cama en donde dormía mi madre. Fue ella quien despertó primero... y me despertó con un suave tono de voz, diciendo... Monsesita... ¡está temblando! Y yo entre sueños le contestaba "tranquila mamita"... pero se hizo evidente ¡que esto era más que un temblor! Las camas se separaron y caímos entre medio de ambas. Fue en eso que mi madre presa del pánico saltó la cama que la separaba de la puerta y salió corriendo de la casa... yo por supuesto al ver que mi madre escapaba, hice lo mismo. Al llegar a la puerta de la casa, la mesa de mármol estaba obstruyendo la pasada… pero la adrenalina del momento me dio la fuerza necesaria para moverla… ¡como si no pesara nada!

¡Mi madre estaba aferrada a un árbol! llamándome… yo la abracé y le decía… "aquí estoy mamita" pero ella seguía llamándome… En tanto el suelo se seguía moviendo y mi prima Lore había corrido detrás de mí y se encontraba aferrada a un pilar al lado del árbol donde estábamos mi mamá y yo…

El movimiento parecía no acabar… la visibilidad era escasa ya que aún era de noche… no sabíamos muy bien qué hacer…

Luego de 3 minutos y medio… ¡los más largos de mi vida! el movimiento había cesado. Y había dado paso a los gritos, mi madre llamaba a mi tía, mi prima chica lloraba, los vecinos de la parcela de al lado nos preguntaban si estábamos bien…

En esos momentos la angustia comenzó a apoderarse de nosotros, el no saber de mi abuelo, quien se encontraba en la casa de mi otra tía; de mi tío, quien en ese momento vivía en una casa vieja de adobe (casa de barro), era muy perturbador...

Sacamos unas frazadas y prendimos unos carbones para mantenernos calientes… las réplicas se sucedían una tras otra… no había luz, agua, ni gas…

Encontramos una pequeña radio a pilas que nos relataba ¡lo terrible de la noticia! 3 minutos y medio de un movimiento 8.8Mw que había afectado 6 diferentes regiones del país.

¡Una gran catástrofe!... a lo que se sumó ¡un Tsunami! Los relatos de la radio y el no saber nada de nuestros familiares nos tenía muy nerviosos y sensibles...

Aún recuerdo el relato de un caballero que contaba como el agua le había llegado primero hasta los tobillos, luego a las rodillas y finalmente había visto como el mar se llevaba a su mujer y a su hija... como él, eran cientas las personas que llamaban para contar estos dramas, para preguntar por personas perdidas, para pedir información...

En eso llegaron las primeras horas de la mañana y con ella... finalmente ¡lográbamos recibir una llamada! Era una amiga de Punta Arenas preguntando como estábamos... Mi mamá, mi tía, mi tío, mis primas y yo estábamos bien... pero aún no sabíamos nada de mi abuelo, ni de mi tío, ni del resto de mi familia.

Finalmente logramos contactar a mi tío Orlando, quien nos contó que la casa se había venido abajo, que no sabía dónde estaba mi prima con su hijo, que no sabía nada de mi otra prima y su hija, que estaban en otra de las ciudades afectadas... pero al menos él estaba ¡sano y salvo!.

Luego me comunique con Tati quien había vivido el terremoto en otra ciudad un poco más al norte, en donde la intensidad del evento había sido un poco menor. Ella me contaba que viajaría a Santiago de todas maneras y que me avisaría que pasaba con nuestro vuelo.

Ya más avanzada la mañana, mi tío, mi prima y yo, fuimos a la ciudad de Talca... con la misión de averiguar de mi abuelo... y además comprar pan, agua y cigarros.

Al llegar a la casa de mi otra tía, en donde se encontraba mi abuelo, con mi prima Lore, corrimos y tocamos el timbre... los minutos que mi abuelo tardó en abrir la puerta se nos hicieron eternos... pero finalmente nos enteramos que estaba bien... que se había quedado atrapado porque el ropero se le había caído a los pies y que otro mueble había obstruido el paso a su habitación, pero que los vecinos lo habían logrado sacar... y ¡que estaba bien! y que el resto de la familia también se encontraba bien.

Luego nos fuimos a dar una vuelta a la casa de mi tío Orlando... lo encontramos con un cerro de escombros y sus manos ensangrentadas... al vernos, ¡se le cayeron las lágrimas! La desesperación de no saber dónde y cómo estaban sus hijas lo tenían muy preocupado.

Dos días estuve en la casa de mi tía Gloria... ya sabía que el aeropuerto no estaba funcionando, pero debía llegar a Santiago para tomar el avión apenas pudiera. Y fue así como entre lágrimas de despedida y de tristeza por tener que dejar a mi familia en esta situación... tomé el bus a Santiago.

Nos tomó unos cuantos días lograr encontrar un vuelo disponible. Entre tanto mis primas habían aparecido... pero las cosas en muchas regiones del país aún se encontraban muy difíciles.

El día 6 de Marzo del 2010 logramos tomar el avión a Londres y a pesar de todo, emprendimos el viaje.

XVIII
GILWELL PARK

Llegamos a Londres como a las seis de la tarde y a pesar de que Gilwell no se encontraba muy lejos... logramos llegar al parque a eso de las 10 u 11 de la noche.

Fue un shock llegar al parque... al bajarnos del auto nos recibieron muchos chicos y chicas de distintas edades y nacionalidades. Para ser honesta ni yo ni Tati entendíamos mucho lo que nos decían. Además, el resto de los voluntarios ya se conocían un poco ya que habían llegado una semana antes a Gilwell y eso no hizo nada fácil nuestra integración.

Esa noche fuimos a un bar con todos los voluntarios, pero no hablamos mucho, debido al cansancio y a nuestra imposibilidad de comunicarnos fluidamente en inglés.

Al volver al parque todos los voluntarios durmieron en carpas pero como Tati y yo veníamos de un largo viaje de más 13 horas, nos dieron la opción de escoger si dormiríamos en carpas o en las que serían nuestras habitaciones. Así que finalmente descansamos en nuestras camas.

Al día siguiente comenzamos a conocer a los que serían nuestros compañeros y compañeras de casa y de habitación. Yo compartiría con una australiana, que se transformó en mi profesora y amiga y Tati con una alemana.

En nuestro primer mes en Gilwell, recibimos entrenamiento en primeros auxilios, escalada, kayak, trabajo en equipo, arquería, tiro con rifle, etc. Pero no contábamos con lo difícil que sería aprender algo nuevo en un idioma que no conocíamos, y mucho menos, el tener que rendir exámenes prácticos y escritos de aquellos conocimientos. Aún recuerdo la impotencia de haber aprendido Arquería y saber la teoría de la misma, pero no manejar el vocabulario necesario para comprender las preguntas del examen escrito... por suerte el instructor fue muy comprensivo con ambas y nos tomó el examen de forma práctica, lo que nos permitió aprobar.

A pesar de nuestro nivel de inglés... luego de un mes logramos estar capacitadas en todas las áreas. Pero aun así... ¿nos permitiría esto hacer sesiones y estar a cargo de grupos de niños, jóvenes y adultos? Las inseguridades eran muchas, pero a pesar de ellas y nosotras, logramos sortear las dificultades y ¡nos convertimos en instructoras oficiales de Gilwell Park!

Pasamos los primeros meses entre nuevas palabras, fiestas y nuevos amigos. Pero yo además me encontraba terminando mi tesis, haciendo correcciones y preparando todo para la defensa.

Antes de que la fecha de la defensa llegara... ¡llegó mi cumpleaños! Y el de varias más, entre ellas Tati. Fue así como una noche todas las chicas del Parque decidimos irnos de fiesta a Londres. Fue un memorable cumpleaños en la noche londinense, uno de los cuales ¡nunca olvidaré!

Así llegó el ¡gran día! la defensa de mi tesis. Todos listos para escuchar la exposición de mi proyecto en Punta Arenas, Chile. Y yo en Londres, lista para terminar una etapa. Luego de unos 20 minutos de exposición y unos 10 de preguntas... me dieron los resultados ¡Estaba aprobada! ¡Había terminado! Una carrera que no sería mi futuro, pero que hoy sé, que no fue una pérdida de tiempo... ya que todo pasa por algo, y la vida siempre encuentra su camino.

El dinero de bolsillo que nos daban nos permitió tomar unas primeras vacaciones en España, donde fuimos a visitar a unas amigas del Jamboree 2007, Londres-Madrid, Madrid-A Coruña, A Coruña-Santiago de Compostela, Santiago de Compostela-A Coruña, A Coruña-Madrid, Madrid-Jerez de la Frontera... En otras palabras nos hicimos un resumen de España.

Compartimos con la familia y los amigos de Inés en A Coruña (Galicia), nos trataron muy bien... nos sentimos súper acogidas, disfrutamos de la costa gallega y fuimos a Santiago de Compostela y a su maravillosa Catedral de Piedra. Luego nos fuimos a Madrid en donde recorrimos parte de esa maravillosa y luminosa ciudad... la Plaza Mayor, La Cibeles, el Arco del Triunfo y tantos otros lugares de la que personalmente considero la ciudad capital más linda que he conocido. Después de unos días nos fuimos a Jerez (Andalucía) un bello lugar en donde compartimos con Lixi, su familia y Cristigma. Con ellas en solo dos noches y un día, conocimos la extremadamente calurosa Andalucía: sus fiestas, su gente, sus playas...

Al regresar a Madrid seguimos recorriendo un poco más de esa maravillosa ciudad... Y luego de 12 espectaculares días regresamos a Londres y a Gilwell con el corazón lleno de cariño, y la satisfacción de conocer un lugar en compañía de amigos.

A nuestro regreso, emprendimos el segundo semestre de trabajo en Gilwell… las cosas lentamente fueron cambiando… un nuevo curso de escalada, amigos que terminaban el voluntariado y nuevos voluntarios que llegaban. El cambio a la casa que sería nuestro hogar en el invierno europeo. Así llegó la lluvia, la nieve y el hielo y esto permitió curtir mi espíritu… Trabajar al aire libre sin importar el frío y el viento. Ser simplemente una guía 24/7!

Mientras me encontraba en Gilwell, empecé a analizar qué haría luego de Gilwell… En eso estaba cuando se abrió una vacante en el centro Scout de Suiza, Kandersteg… ¡Suiza!... un lugar que anhelaba conocer hace muchos años… Postulé para intentar cumplir mi sueño de ir a Suiza, pero la suerte me fue esquiva esta vez, o mejor dicho todo tiene su tiempo y lugar preciso y ese no era mi momento. Pero gracias a dos amigos que habían sido voluntarios en Houens Odde, un centro scout en Dinamarca, llegó mi siguiente aventura… Iría a Dinamarca a hacer otro voluntariado, luego de ir a Chile por unas vacaciones.

Al llegar diciembre, con Tati decidimos que ya habíamos tenido suficiente frío y tomamos nuestras maletas y nos fuimos a Marruecos a disfrutar de las playas… no contábamos con las diferencias culturales y de higiene que hay entre nuestras culturas, pero a pesar de eso, disfrutamos del sol, la playa, los camellos y las cabras locas que se subían a los árboles a comer unos frutos. Y no contentas con eso… al regresar a Gilwell, nuevamente se acercaban otras vacaciones, las vacaciones de Navidad y Año Nuevo. Y teníamos dos interesantes invitaciones…

XIX
Una Blanca Navidad y un Frio año Nuevo

Las vacaciones de Navidad se acercaban y con ello la nieve y el frío. Justo antes de nuestro viaje, para pasar Navidad en Dinamarca con Peter y Año Nuevo en Alemania con Katha, se puso a nevar ¡mucho! Y muchos aeropuertos de Londres se vieron afectados, por lo que no fueron pocos los vuelos cancelados. Pero llegó el día de volar, y de tanto cruzar los dedos y rogar porque nuestro vuelo saliera... nuestras plegarias funcionaron y nos fuimos a Dinamarca. Después de un par de horas de vuelo nuestro avión aterrizó, se dio un trompo por lo escarchado que estaba y ¡llegamos!, ¡sanos y salvos!

Desde el primer día en Dinamarca, Peter y su familia nos hicieron sentir en casa, y a pesar de lo difícil que es pasar una fecha tan importante como Navidad, lejos del hogar y la familia, esta vez habíamos encontrado amistad, cariño y familia a kilómetros de distancia de nuestra natal Punta Arenas. Esa fue nuestra primera Blanca Navidad con temperaturas de entre -15° y -1°... no hubo día en donde no hiciera muuucho frío, pero la calidez del hogar ¡lo compensaba todo!

La familia de Peter nos esperó con una sorpresa... En Dinamarca es típico colocarle guirnaldas con su bandera al arbolito de Navidad, y en esta ocasión, como habría un par de chilenas en el hogar, hicieron una guirnalda con banderas chilenas, las cuales pendían en el árbol de Navidad.

Por nuestra parte, antes de emprender nuestras vacaciones de navidad, habíamos decidido hacer algo para recompensar la amabilidad de invitarnos a pasar la Navidad con ellos y decidimos que haríamos nuestro típico trago de navidad "Cola de Mono". Para eso necesitábamos aguardiente... no saben lo difícil que resulto encontrar aguardiente en Londres, pero luego de un poco de búsqueda por internet y de ir a parar al lugar más cosmopolita de Londres, la conseguimos. Y logramos hacer la "cola de mono" en casa de Peter.

Unos días antes de la noche buena salimos de compras con Tati y Peter. Como Peter vivía ahí, en una hora tenía todos sus regalos comprados y estaba listo para regresar, en cambio nosotras lo único que sabíamos era que queríamos regalarles algo donde apareciera nuestra región. Por suerte somos de la Patagonia, y como es muy popular, logramos encontrar un lindo libro que regalarles, en donde les mostramos, nuestra flora y fauna. Pero con Peter no teníamos ni idea...

Como cuando nos juntamos de nuevo aún nos faltaba mucho por recorrer... Peter nos acompañó a distintos lugares, entre ellos, una librería, y se colocó a hojear un libro. Por suerte Tati prestó atención a qué libro era, así que una de nosotras lo distrajo y la otra compró el libro.

Al llegar las 6 de la tarde del 24 de Diciembre del 2010, nos sentamos a comer la cena de Navidad. Nunca pensamos que estaríamos horas y horas comiendo, los más deliciosos platos daneses. De las cosas que cautivaron nuestra atención y nuestro paladar fue el "Ris à l'amande" una especie de arroz con leche hecho con crema y pedazos de almendras. Lo particular de esto, es que no sólo es un postre sino que también es un juego navideño, consiste en una fuente llena de este delicioso postre que se sirve con salsa de guinda caliente, y que contiene solo una almendra entera... Y la persona que encuentra esta almendra... ¡es la premiada! Y esa persona... ¡fui yo!

Para terminar la noche, compartimos nuestra "cola de mono" (que tuvo bastante éxito) y abrimos los regalos. Para nuestra sorpresa, recibimos más regalos que nadie en la casa y comimos mucho, pero, mucho chocolate y mazapán, cosa que también es típica de navidad en este escandinavo país.

Al día siguiente fuimos a un almuerzo de Navidad con el resto de la familia y ¿adivinen qué?, ¡seguimos comiendo! Y además jugamos un juego muy divertido, que es una especie de amigo secreto. Donde todos los participantes traen al menos un regalo de un valor no muy alto. Se juega con dados, y se parte con que todos los participantes van tirando los dados y el que saca un 6 toma un regalo de la canasta. El juego transcurre así hasta que se acaban los regalos de la canasta. Luego de eso... ¡empieza lo divertido! Se juega por alrededor de 5 minutos más con las siguientes reglas:

6= le quitas el regalo a alguien y te lo quedas
1= le quitas el regalo a alguien y se lo das a alguien más
3= intercambias regalo con quien tú elijas.

Si lo deseas también puedes agregar reglas como si sacas un 2 tienes que bailar sobre tu silla, o gritar algo, o besar a alguien en la cara y así sucesivamente.

Así pasó la navidad y llegó el día de viajar a Alemania a la casa de Katha y celebrar Año Nuevo, volver a jugar con lo que en Chile llamamos estrellitas (fuegos artificiales pequeños que se llevan en las manos), debo aclarar que en Alemania las estrellitas no están prohibidas como actualmente en Chile. Fue una gran fiesta y además unos gratos días junto a Katha y su familia.

De regreso en Gilwell luego de las vacaciones de Navidad y Año Nuevo la hora de decir adiós se iba acercando, la hora de volver a ver a mi madre, a mis perras, a mi familia...pero con ello también se acercaba el día de término de esta gran aventura... la aventura de ser voluntaria en uno de los Centros Scouts ¡más importantes del mundo! La aventura de ser ¡Instructora de Gilwell Park!

Con el corazón lleno de agradecimiento, puse término a mis 12 meses de vida en Gilwell el comienzo de mi nuevo estilo de vida, y el principio de mi futuro.

XX

LA LARGA TRAVESÍA ENTRE INGLATERRA Y DINAMARCA

Luego de un viaje de unas 16 horas aterricé en Santiago de Chile donde me esperaba mi madre... Como describir esa emoción... el abrazo de mamá luego de 12 meses, esa sensación de cobijo que sólo tu madre te puede dar. Juntas emprendimos el viaje a Talca para compartir 15 días con mi abuelo, mi tía y mis primitas, 15 días de mimos, abrazos y cariño... 15 días de calor familiar.

Luego llegó el tiempo de volver a casa, de volver a mi Punta Arenas, de ver a mis amigos y a mis perras. Estaría alrededor de 20 días en casa. Tiempo justo para mimar a mis perras, bañarlas, llevarlas al veterinario, pero sobre todo para pasear con ellas, para disfrutar del parque que está cerca de casa.

Esos días de entregarles todo aquello que no les entregué durante 12 meses, se hicieron muy cortos y no fueron suficientes para llenar mi corazón de mi hogar... Se me hizo tan difícil dejar todo de nuevo... que no podía controlar las lágrimas y los sollozos cuando el avión despegaba... cuando por una vez más me alejaba de casa, de mi madre, de mis perras... de mi hogar.

Al llegar a Santiago esperé en el aeropuerto por el viaje que me llevaría a Dinamarca. Mientras esperaba, tuve la posibilidad de ver a Tati unas horas, compartimos un café y charlamos de lo que habían sido esos últimos meses en Gilwell... Como ella se había quedado allá por un tiempo más largo, tuvo la oportunidad de conocer a otros voluntarios y vivir otras experiencias, una vez que yo me fui de Gilwell.

Hasta que llegó la hora de ir a dejar las maletas... pero, ¡gran sorpresa gran!, la aerolínea no me lo permitió... ya que no tenía pasaje de regreso a Chile. Me quedaban solo 3 horas para solucionar ese inconveniente... luego de hacer algunas búsquedas por internet logré encontrar un pasaje a un precio razonable, y luego de comprarlo, tuve que correr y pagar un ojo de la cara para imprimirlo.

Finalmente me aceptaron el equipaje... y llegó la hora de decir hasta luego a mi amiga y hermana, Tati. Pasé Policía Internacional y me embarqué en mi nueva aventura.

Aún recuerdo que al estar en el avión antes de despegar juré que esa sería la última vez... que no me iría más... no contaba con que viajar se volvería mi placer culpable, mi adicción, mi pasatiempo favorito... No contaba con que me volvería una ciudadana del mundo.

Al llegar a Madrid no hubo muchas preguntas...

Policía: ¿A dónde se dirige señorita?

Yo: ¿Ahora?, a Londres pero sólo por una noche ¿le enseño mi tarjeta de embarque?

Policía: No, ¡no se preocupe!

Esperé unas horas y tomé mi vuelo a Londres, una hora de vuelo y ya estaba aterrizando en Londres. Y el diálogo con la policía en Londres fue más o menos así:

Policía: ¿A dónde se quedará?

Yo: La verdad es que sólo voy a estar una noche y me quedaré en el aeropuerto porque tengo que tomar el avión a Dinamarca.

Policía: ¿Y qué va a hacer en Dinamarca?

Yo: Un voluntariado en un centro Scout

Policía: ¡Ah! ¡Como lo que hizo acá!

Yo: ¿Le enseño mi tarjeta de embarque?

Policía: ¡No!, no se preocupe.

Luego de una laaaaarga y fría noche en el aeropuerto de Stansted, tomé el avión a Billund, a las 7 de la mañana.

A eso de las 11 de la mañana, estaba aterrizando en Dinamarca… me quedaba el último paso…

Policía: ¿A qué viene?

Yo: A hacer un voluntariado en un Centro Scout llamado Houens Odde, ¡mi pronunciación del nombre fue pésima! Policía: ¿Cuánto tiempo estará en Dinamarca?

Yo: Al menos 3 meses...

Nótese que como chilenos ¡sólo tenemos 3 meses de visa en Europa!... pero aun así... ¡nada!, ¡Ningún problema!

Y el bendito pasaje que me tuve que comprar ni siquiera lo tuve que enseñar una vez...

Al pasar la puerta del aeropuerto me encontré con un scout que venía a buscarme... Yo, luego de haber partido viaje el día miércoles a las 5 de la madrugada de Chile ¡había llegado a las 11 de la mañana del día viernes a Dinamarca!, estaba agotada, por lo que luego de una breve introducción del lugar y las personas, me acomodé en la que sería mi habitación por 9 meses y me dormí.

XXI
MI PRIMER MES EN HOUENS ODDE

Los primeros días en mi nuevo hogar fueron días de descubrir el aire danés, sus planicies y sus bosques. Houens Odde, tenía 3 km de extensión, mar y los houmaends.

Pronto descubrí que si era capaz de autoplanificar mi día, tendría la libertad de hacer lo que quisiera. Mi primer trabajo fue pintar una tabla para colocar en una pared, y ahí demostré que lo mío eran las cosas manuales, lijé, pinté y barnicé innumerables cosas, además de reparar y construir otras tantas.

Luego de una semana de estar en Houens Odde había un evento… un campamento voluntario de trabajo para preparar el centro para las actividades de verano. "Vekla"…ahí fue donde empecé a descubrir lo que era esa hermandad de Guías y Scouts llamada Houmaends, aquellos de pañolín morado, que son parte del lugar, que aman Houens Odde como a su hogar y a los otros Houmaends como a sus hermanos. Si bien no son un grupo de personas fáciles de abrir para acoger a gente nueva, una vez que lo hacen, te hacen parte de ellos.

En Vekla me tocó conocer algunos antiguos voluntarios internacionales… ¡como yo! Y si bien, esta semana, no fue fácil, fue una semana de trabajo y satisfacciones. Como el haber sido parte del equipo que construyó el escenario para el campamento de manadas, fue lindo ser partícipe de todo su proceso desde sus fundaciones hasta sus terminaciones y su escalera... Inclusive hasta su inauguración, unos meses más tarde.

Las comidas fueron... otra cosa. Me sorprendí cómo era posible que comiéramos ¡tanto! Los sabores de Dinamarca me fueron envolviendo y si bien hubo muchas cosas que no me gustaron... hubo una en particular que conquistó mi paladar... ¡"Leverpostej"! Qué sabor, ¡qué mezcla! ¡Paté de hígado con tocino y champiñones! ¡Una de las comidas que extraño!

Otra cosa nueva, era que en el almuerzo y la cena, se daba un reporte de cada tarea que había que hacer... y se aplaudía ¡por cada tarea cumplida! ¡Qué grata sensación! ¡Ver que tu trabajo significaba algo! Además, en la cena también se aceptaban los errores y si alguien había hecho algo mal, se postulaba y se elegía al peor...Y esa persona tenía que usar algo así como un distintivo. En cada Vekla, ese distintivo cambia, en esta ocasión... era un gorro de chanchito. Era muy divertido ver como se tomaban las cosas tanto buenas como malas.

Al llegar los últimos días de Vekla tuvimos una actividad muy común para los Houmaends... la vuelta ¡en el trailer del tractor! Ustedes dirán... Bueno, ¿y para qué se suben a un trailer a dar vueltas? La razón de tan extraña actividad es recorrer el centro y apreciar cada trabajo que se hizo durante la semana. Cada persona involucrada en cada trabajo va relatando lo que hicieron y como lo hicieron... luego todos aplauden para agradecer el trabajo hecho por los demás.

Y al finalizar, me esperaba una sorpresa más... el círculo de los abrazos... todos nos reunimos en un círculo para darnos las gracias por la semana, por el trabajo realizado por cada uno, y para decirnos ¡hasta pronto! ¿Y de qué manera? Pues partía uno por el interior del círculo abrazando a cada houmaend y luego el siguiente, y así sucesivamente, hasta que todos habían abrazado y dicho adiós a todos.

XXII

HOUMAEND

Desde mi segunda semana en Houens Odde, supe lo importante que era ser Houmaend. Y desde ese momento, convertirme en Houmaend pasó a ser uno de mis anhelos. Aun así, ni en el mejor de los casos, pensé que mi deseo sería cumplido a un par de meses de haber llegado. Pensé que me tomaría mucho más tiempo convertirme en uno de ellos, pero no fue así.

En Mayo tomó lugar un evento de formación llamado HUDD, en donde nos capacitaban para dar distintas actividades en los campamentos de verano y nos contaban un poco como serían las actividades. Pronto descubriría que no sólo me enseñarían primeros auxilios y algunas actividades sino que me harían parte de ellos.

Sé que en muchos lugares y asociaciones los rituales no son bien vistos. Pero no son los rituales, ceremonias y tradiciones los malos sino el mal entenderlos y cometer abusos bajo el amparo de lo secreto. Si bien como todo rito y tradición, no estoy autorizada a contar en qué consistió mi llegada al mundo de los Houmaends... sí les puedo contar que todo comenzó con la base de toda relación y pertenencia... La confianza, el confiar en el que está al lado tuyo... confiar en que se ha convertido en tu hermano y en que no te haría daño. Prosiguió con una linda ceremonia... también secreta... En donde nos entregaron las armas para ser uno de ellos... los requisitos... Y todo terminó con una puerta mágica al mundo de los Houmaends, puerta que nos llevó a ser uno de ellos y recibir el tan anhelado pañolín morado. Esta ceremonia pasó a ser una más de las ceremonias importantes de mi vida como Guía. Como lo fue también, mi promesa, las velas de armas, las renovaciones de promesas, entre tantas otras.

Es una más de esas ceremonias que me han hecho agradecer desde lo más profundo de mi corazón el haberme convertido en Guía.

XXIII
Los Campamentos de Verano

Los días y meses pasaron hasta que llegó y se instaló el verano en Odden, eso tenía un nuevo desafío…Siempre había participado de campamentos, desde que era adolescente, pero este era otro tipo de campamentos. Aquí, éramos los Houmaeds haciendo un campamento para varios grupos de Guías y Scouts de distintos lugares, de dentro y fuera de Dinamarca.

Y esto presentaba nuevos desafíos para mí, el aprender nuevas actividades que no sabía, como: navegar (una balsa a motor y un bote a vela), tallar en piedra jabón, hacer artesanías en cuero, entre otras.

Cada mañana izamos la bandera de Dinamarca y también la Chilena. No saben lo orgullosa que me sentía vistiendo mi uniforme Guía cada mañana, izando mi bandera, y presentado los debidos respetos.

Era increíble como casi con ninguna palabra de danés, era capaz de comunicarme con los niños… Y no sólo eso, sino también ¡enseñarles cosas! Más de algún niño me hizo un regalo y conmovió mi corazón con su ternura.

En el medio de uno de los campamentos llegaba Lilly, y por eso fue que mientras estábamos en una actividad, que consistía en ir a navegar en una balsa… tuvimos que embarcarnos en el bote pequeño de motor fuera de borda y navegar a toda velocidad hacia el muelle, me sentía como parte del mar, incluso Alex me dijo "parece que hubieras nacido para esto", luego manejamos hacia la estación de trenes a encontrar a Lilly.

De los campamentos que viví, el mejor de todos fue ¡el campamento de manadas! En donde además de las actividades hechas en los otros campamentos tuve la posibilidad de enseñar a los niños, más de alguna danza Chilena. Fue increíble ver como en un par de días eran capaces de cantarlas. Incluso un tiempo después en otra actividad llamada Festival Scout, una persona que yo no conocía... se acerca a mí y me dice... "¡tú eres la Monse!", yo extrañada conteste que sí y luego me contó que su hermana pequeña había estado en el campamento de manadas y que al volver a sus actividades normales, su grupo había traducido una de nuestras danzas al Danés y la danzaban siempre.

Mucha experiencia, muchas vivencias, muchos juegos, muchas personas, muchos niños, muchos abrazos... Fue la mejor manera en que podría haber terminado la época de campamentos.

XXIV

Días de "Vacaciones"

Despúes de unas laaargas semanas de campamentos de verano yo necesitaba unas vacaciones, y con mi amigo Peter habíamos planeado algo...

Me fui a la casa de Peter y no alcancé ni a llegar cuando él me pregunta... ¿Estás lista para ir a andar en bicicleta?...

Pues... ¡sí! mi semana de vacaciones comenzó con tres días de andar en Bicicleta y conocer una serie de pueblos cercanos a la ciudad de Vejle.

El primer día transcurrió entre pedalear y visitar "Jelling", hasta que llegamos a un hermoso lugar de camping en donde tuve la experiencia de dormir por primera vez en un refugio de Dinamarca. Era como una superficie que estaba a unos 30cm del suelo y que tenía techo. En donde sólo te metías y quedabas cubierto en caso de lluvia pero no del frío. Al día siguiente continuamos pedaleando y recorriendo diferentes lugares como "Bindeballe". Cuando llegamos a "Vesterby" comimos un pollo que cocinamos en una fogata, nos tomamos una cerveza y nos dormimos. Esta vez en una pequeña casita que el grupo scout de mi amigo Peter tiene en un sitio de camping en Vesterby.

El tercer día desayunamos y emprendimos el camino de regreso a casa de Peter pasando por algunos otros lugares. Al llegar, nuestro día aún no había terminado pues esa noche sería el estreno de la última película de la serie Harry Potter. Y Peter me invitó a re ver la primera parte de la última película y ver la segunda parte ¡y final!

Como eran las 4 o 5 de la tarde aún teníamos un par de horas antes de ir a ver las películas así que decidimos que sería un buen momento para descansar un poco y tomar una siesta. Después de que logré despertar fuimos a ver ¡Harry Potter! ¡Estuvo Buenísima!

Así terminaron las vacaciones y regresé a Houens Odde…

XXV

Reunion

A pocos días de haber regresado de mis vacaciones, llega la hora de participar en una nueva actividad... "Reunion" que fue una reunión de ex voluntarios de Houen Odde!

Alrededor de 16 personas dimos vida a tan particular reunión. Venidos desde Alemania, Austria, Bolivia, Chile, Hungría, Italia y Taiwan. Entre los que llegaron a ser parte del evento, estaba mi amigo Karl, al que había conocido el año 2010 en Gilwell Park, ya que habíamos sido voluntarios al mismo tiempo.

El primer día fue para conocernos, compartir experiencias y planificar algo que pudiéramos dejar, que le sirviera al centro. Fue así como decidimos hacer un video que promoviera el ser voluntario en Houens Odde.

En los días venideros, hicimos variadas actividades, entre ellas, fuimos a un lugar donde se ofrecen actividades en altura. ¡Grande fue la sorpresa!, mía y de Karl, cuando Kartsen, el jefe del centro Scout nos pidió que lo asistiéramos y que ayudáramos a llevar a cabo la actividad. ¡Qué lindo fue volver a reencontrarnos con la instrucción de actividades en altura! También aproveché mis destrezas adquiridas en Gilwell para escalar cámara en mano y hacer una serie de videos de las actividades.

Entre las actividades que tuvimos, hubo una que representó en todo su esplendor los sabores del mundo: sushi, schnitzel, ensaladas de papas, comida vegana entre otras. Pero lejos lo que más me gustó a mí, fueron los 5 distintos postres que tuvimos: mousse de limón, pie de limón, Schwarzwälder Kirschtorte (Torta Selva Negra), tiramisú y uno más que no recuerdo... ¡Mi plato de postre fue tanto o más grande que el plato de comida!

Entre juegos, dinámicas, sesiones y muestras gastronómicas, logramos reunir mucho material para el video, pero era hora de editarlo y lograr tenerlo listo antes de que se terminara la Reunión.

Una de las últimas actividades que tuvimos fue una cena con el personal estable del centro y como sorpresa les mostramos ¡el video terminado! Les gustó mucho y fue usado para promover el Centro Scout como un lugar de ensueño para hacer un voluntariado, por medio de Facebook y Youtube.

XXVI
Mi Hermana Belga

Al terminar el mes de Julio el 22° Jamboree de Suecia se aproximaba y la delegación Belga estaba de paso por Dinamarca.

Un tiempo antes, Audrey, una de las chicas que nos recibieron en su casa en Bélgica para el "Home Hospitality" después del Jamboree en Inglaterra 2007 (mi hermana Belga), me envió un mail para contarme que estaría por unas horas en un lugar muy cercano... En una ciudad llamada Ribe...

Yo ya había estado en Ribe un tiempo atrás con la familia de Peter pues nos habían llevado a conocer varios lugares de Dinamarca y entre ellos Ribe. Una de las ciudades más antiguas de Dinamarca, y en mi opinión una de las más lindas.

Con Audrey coordinamos por mail que nos juntaríamos en Ribe en la estación de trenes...

Estábamos terminando "Reunion" cuando llegó el día en que Audrey estaría en Ribe, y aunque Ribe está sólo a un poco más de 60 km de Houens Odde... Ese día me tomó siglos llegar ahí porque estaban haciendo unos arreglos en las líneas del tren y me tuve que bajar en un pueblo cercano que hasta el día de hoy no tengo idea cuál fue. Ahí había que esperar un bus y finalmente, luego de como dos horas o más... Logré llegar.

Según lo que habíamos coordinado con mi hermana Audrey nos juntaríamos en la tarde en la estación de trenes. Pasó mucho pero mucho rato, me di varias vueltas por la ciudad... y cada vez que veía un grupo de Scout y Guías Belgas mi corazón saltaba de emoción pero nada... Cuando estaba empezando a perder las esperanzas de encontrarla vi venir un grupo más de belgas y a lo lejos veo que me hacen señas una chica y un chico ¡vestidos con uniforme!... era mi hermana y un amigo de ella, Juan quien es argentino y belga que trabaja para la Asociación de Guías y Scout de Bélgica. Audrey lo había invitado para que así aprovechara de hablar un poco de español también.

Cuando nos vimos nos abrazamos y ¡casi lloramos de la emoción! Estábamos juntas después de 4 años... ¡Conversamos mucho! Tomen en cuenta que cuando yo estuve en su casa mi inglés aún era básico así que no era mucho lo que podíamos conversar porque expresar cada idea tomaba mucho tiempo... Pero habíamos compartido tanto en esos 5 días en que con Claudia y Felipe habíamos estado en su casa, que la quería y apreciaba como a una hermana.

Además de conversar con Audrey aproveché de hablar español con Juan, todo esto mientras compartíamos un rico helado de esos que venden en Dinamarca... Caminamos un poco y el tiempo que ellos tenían para estar en Ribe se había acabado así que tuve que despedirme de mi hermana Belga una vez más y de Juan. Con un fuerte abrazo y muchos saludos para mi familia Belga dije adiós.

Y fui a tomar el bus una vez más para emprender el regreso.

XXVII

Conferencia de Managers y Responsables de Centros Guías y Scout Europeos

Un día Kartsen se acerca a mí y me dice... ¡tengo algo que proponerte! Y la pregunta fue... ¿te gustaría participar con nosotros en la Conferencia de Centros Guías y Scouts Europeos a realizarse en Jambville, Francia? la respuesta que se escapaba de mi boca a gritos era sí, pero ¿cuánto saldría eso?... Y ahí vino la mágica respuesta... "nada" sólo tienes que llevar dinero para el bolsillo por si quieres comprar algo.

El día del viaje a Francia no tardó en llegar... primero, con Kartsen, emprendimos viaje a Copenhague en auto y luego de unas 2 horas de viaje llegamos al aeropuerto, donde nos juntaríamos con otras Guías y Scouts de Dinamarca que concurrirían a la Conferencia.

Y llegó la hora de tomar el avión, todo salió sin inconvenientes y en un abrir y cerrar de ojos, estábamos aterrizando en la ciudad de París.

Luego de eso comenzó una larga travesía en trenes y metro, para llegar hasta Jamville, pueblo en el que se realizaría la conferencia. El lugar que nos hospedaría por una semana no era nada más ni nada menos que el Castillo St. Louis de Jambville. Un antiguo edificio de múltiples habitaciones que está a cargo de los scouts de Francia.

Centros Scouts y Centros Guías de toda Europa estuvieron en esta conferencia y entre ellos dos de Suiza. Aquel lugar que desde que había conocido a Lucky me interesaba conocer, esta fue mi oportunidad de averiguar un poco más de ellos. Si bien había escuchado antes hablar del centro Scout Kantersteg, y se había convertido en una de mis metas el llegar ahí, no tenía ni la menor idea que existía otro lugar a no más de 25 Km. Este otro lugar era un ¡Centro Guía! Conocí unas personas (la manager, la encargada de programa y la secretaria), a quienes atoché de preguntas... ¿Dónde está ubicado? ¿Reciben voluntarios? ¿En qué consiste el voluntariado? ¿Hay algún límite de edad?, todas estas fueron preguntas que encontraron respuesta en esta conferencia. Luego vinieron las muestras de cada centro en donde se exponía cada lugar.

Poco a poco la idea de ir a Our Chalet como voluntaria me fue envolviendo... Muchos pensamientos pasaban por mi cabeza: ¡era la oportunidad que estaba buscando hace mucho tiempo!, ¿tendría que postular a Our Chalet y no a Kandersteg? ¿Lograría mi sueño de ir a Suiza?... eran muchas las ideas que iban y venían de mi cabeza.

Fue aquí también en donde encontré la inspiración para realizar mi proyecto final en Houen Odde. Una actividad que se llama "Beat the Beep" o "Vence el Beep", que era como estas típicas serpentinas metálicas en donde con una varita que tiene una argolla en su extremo, debes intentar avanzar sin tocar el metal... y si lo haces suena o prende luces... Ustedes dirán... pero ¡qué aburrido! ¿Qué tiene eso de interesante? Lo interesante es que se plantea como una actividad grupal en donde la serpentina tiene 2 metros y medio aproximadamente y la varita es una persona con un casco que tiene un argolla adherida a él. Luego el equipo carga a la persona y avanza con ella, intentando no accionar el ¡Beep! Además me comentaron de una modalidad con cuerdas y un anillo.

Luego de una semana de conocer gente nueva, visitar el Palacio de Versalles, hacer danzas para 200 personas, y ser partícipe de innumerables dinámicas y actividades. Jambville 2011 terminó. Me dejó la cabeza llena de nuevas ideas y el alma repleta de nuevas esperanzas.

XXVIII
ÉPOCA DE NAVIDAD

El tiempo pasó muy rápido y luego de unas fantásticas vacaciones en Skagen con la familia de Peter y la construcción de mis proyectos con Lilly, llegó Diciembre. Si bien el año 2010 ya había pasado una Navidad en Dinamarca y había sentido de cerca lo que era esta celebración en este país nórdico, no había tenido la suerte de experimentar lo que era la preparación para dicho evento.

Todo partió el día en que fuimos a buscar el Árbol para colocar en la plaza central de Houens Odde. Fuimos al bosque de pinos que es parte del lugar, no seleccionamos el árbol más grande sino el más lindo... lo cortamos, le amarramos unas cuerdas y a pura fuerza bruta, logramos moverlo unos 200 o 300 metros hasta la plaza. A punta de tirones y cuerdas logramos ubicarlo en su posición y dejarlo lo más derecho posible. Buscamos los adornos y las luces... Y al finalizar el día, sentimos el sabor de la tarea cumplida, nos fuimos al departamento y todos juntos compartimos un chocolate caliente.

La fecha de dejar Houens Odde se acercaba y el día de ir a despedirme de mi querida familia Andersen, llegó. Nunca esperé recibir todo lo que recibí. Primero fuimos en búsqueda del árbol perfecto, fuimos a una Feria de Navidad en donde un camión nos llevó sentados en unos fardos de paja hasta un bosque de pinos, especialmente plantado para vender árboles navideños. Los había de todos los tamaños, de todas las tonalidades, unos que pinchaban, unos redondos y perfectos… Y otros no tanto.

Después de mucho recorrer, caminar y mirar, nos decidimos por uno. Y a mí me tocó el honor de cortarlo. Luego lo cargamos, lo fuimos a embalar y lo pagamos.

Al llegar a casa de Peter y su familia armamos el árbol con todos sus adornos, incluida la guirnalda de banderas chilenas que habían confeccionado el año pasado para nuestra visita. Y que a partir de esa ocasión se había transformado en un adorno obligado del árbol de la familia Andersen.

Luego hicimos mazapanes y chocolates con nougat, típicos dulces de navidad en Dinamarca. Para finalmente terminar con una deliciosa cena, con el tradicional cerdo al horno.

¡Fue una gran despedida!
De esos gestos que quedan grabados en tu corazón…

El día de dejar Houens Odde había llegado… una sensación de dulce y agraz recorría mi garganta. Dulce pues había vivido unos muy lindos 9 meses en Houens Odde y había conocido mucha gente linda y especial. Y agraz, pues nunca es fácil dejar un lugar que llega a ser, de alguna manera… tu hogar…
Pero ahora era tiempo de empezar una nueva aventura… Ya que Lilly me había invitado a pasar la Navidad con su familia a Alemania.

XXIX
Navidad y Año Nuevo

Emprendimos el viaje en tren con dirección a Frankfurt, para luego tomar otro tren que nos llevaría a Stuttgart... En donde la mamá y el papá de Lilly nos esperaban... A ellos incluso los llegué a llamar "Papa & Mama"... Como se suele llamar a los padres en Alemania.

Nuevamente tomamos un tren... esta vez nos llevaría a los 4 hasta el pueblo de Ergenzingen, en donde toda la familia, vecinos y amigos de Lilly nos esperaban... Incluso se habían dado el trabajo de escribir un cartel en español para darnos la bienvenida. Luego de eso pasamos a una fiesta de bienvenida en la casa de los abuelos de Lilly. Comida típica y ponche caliente estaban listos y servidos...... Había mucha gente que entre conversa y conversa, hicieron que el tiempo volara, y mis ojos ya se empezaran a cerrar, había sido un largo viaje de 13 horas y ya era tiempo de ir a dormir.

Nos fuimos a casa de Lilly en donde descubriría que mi amiga tenía un lindo departamento y que en ese departamento había una habitación que tenía varias cosas de oficina, ya que es su sala de estudio, pero tenía algo más... ¡una cama! Efectivamente... esa sería mi habitación por los próximos 10 u 11 días.

Todo era maravilloso, la familia Schiller me trataba como si fuera parte de ellos... y creo que de algún modo llegué a serlo.

Dentro de las cosas que hicimos con Lilly antes de las fiestas, fue visitar el mercado de Navidad en Stuttgart, en donde además de comer mucho pero mucho dulce, compré unos pocos regalos. Si bien mi madre me había enviado algunos regalos desde Chile, aún seguía buscando algo más... algo significativo que me uniera con la familia Schiller... estaba en eso cuando vi un copo de nieve hecho de cristal y había más de uno... Fue ahí cuando se me ocurrió que podía regalarles uno y traerme otro a mi casa en Punta Arenas.

También, antes de Navidad fuimos a comprar los respectivos arbolitos, el ritual de los árboles, era el mismo que en Dinamarca así que la compra no consistía en ir a una tienda y comprar uno. Sino que ir a un bosque, elegir uno, cortarlo y pagarlo. Pero no necesitábamos uno sino dos. Uno para casa de los papás y uno para el departamento de Lilly. Al llegar a casa comenzó la tarea de adornar los árboles. Y no con todos los adornos habidos y por haber como lo habríamos hecho en Chile, sino que con los adornos combinados y con un toque de diseño y gusto que nadie más que mi amiga Lilly y Mama pueden dar. Al final del día teníamos dos hermosos pinos y la casa adornada completa para esperar la Navidad.

La noche de Navidad llegó y nos sentamos a la mesa a compartir la cena y lo mejor de los dulces alemanes. Papa, Mama, Lilly, Johana, Rolph y yo, pasamos un muy lindo festejo. Una más de esas inolvidables navidades. De esas que quedan en la memoria... pero no de la cabeza sino del alma... del corazón.

Unos días después de nuestra Navidad y un día antes de mi partida celebraríamos la navidad familiar, en donde para mi sorpresa… en más de una ocasión fui incluida en la repartición de regalos. Incluso Opa, quien era el abuelo de Lilly, me incluyó entre sus hijos y nietos… y me regaló una tarjeta con un billete adentro.

No fueron ni los regalos ni el dinero, sino las personas quienes hicieron de ésta, una Navidad perfecta. Hoy en día el cristal que es igual al que les regalé, cuelga en mi ventana y cada vez que regreso a mi habitación, en Punta Arenas, y miro la ventana, recuerdo que parte de mí vive en Alemania, pues ahí hay una familia que me quiere y recuerda, como yo a ellos.

La Navidad pasó y el tiempo de decir adiós llegó… yo debía tomar el avión a Copenhague y Mama, Papa y Lilly me llevaron al aeropuerto. Luego de muchas lágrimas y de la incertidumbre de si nos volveríamos a ver, logré decir adiós y tomar el avión.

Al llegar a Copenhague mi amigo Houmaend "Lars" me estaba esperando para pasar un gran Año Nuevo junto a sus amigos…

Al día siguiente mi amigo me llevó a tomar el avión que me traería de regreso a mi tierra.

Si bien estaba contenta de regresar a Chile, no podía dejar de sentir la sensación de incertidumbre al no saber cuándo volvería a ver a toda esa gente, cuándo regresaría al Viejo Continente

XXX
Mi Incertidumbre en Chile

Después de mi respectiva visita a Talca para ver a mi abuelo, primitas y tías, regresé a Punta Arenas con el ferviente deseo de regresar a Europa, pero sin tener ni dinero, ni nada que sugiriera, ni siquiera la más mínima posibilidad de volver...

Como siempre los primeros días en mi ciudad fueron de descanso y de compartir con mi madre y mis perras. Pero esos días se fueron alargando y mi estadía permanente en mi ciudad se fue tornando de a poco en una pesadilla. Mi búsqueda de trabajo por internet no surtía efecto y cada día me hundía más y más en mi cama y en mi casa. Un buen día decidí que había tenido suficiente de esperar en casa e imprimí un par de currículum vitae y me fui a todas las agencias turísticas que encontré, para buscar trabajo. Fue así como encontré un trabajo en el puerto, como encargada del cibercafé de la sala de pasajeros, que si bien no era un trabajo estable, al menos era algo y me serviría para ocupar algunos días, ganar algo de dinero y seguir hablando inglés. Estaba en eso cuando la misma empresa que me contrató me dijo que si quería podía trabajar como part time en el Parque Historia Patagonia (donde se encuentra el Fuerte Bulnes) como guardaparque, y como aún no tenía nada más, acepté y me convertí en guardaparque.

El trabajo en el parque era un placer, a pesar de los días interminables en portería, me gustaba el trabajo y me encantaba estar en senderos, dando vueltas, sacando fotos, admirando la flora y fauna de mi Región, ayudando a los turistas y manejando hacia y desde Puerto de Hambre. Fue así cuando tuve el día más lindo que podría haber tenido en el parque. Todo empezó al terminar un día de turno de senderos, en donde recorrí los senderos del parque como siempre. Primero en mi recorrido me encontré con un pájaro al que bautizaría como el pájaro punk, ya que tenía un hermoso penacho azul oscuro, un poco tornasol, más tarde me enteraría que era un Martin Pescador. Seguí mi caminata de rutina cuando me detuve igual que siempre a contemplar el Estrecho de Magallanes desde mi piedra favorita, una especie de mirador natural, desde donde pude ver una manada de lobos marinos nadando y jugueteando a los pies del mirador donde me encontraba. ¡Qué lindo espectáculo brindaban estos animales! Pero debía proseguir mi camino pues la hora de cerrar se aproximaba y debía hacer el resto de mis labores. Me disponía a marchar cuando escuché un ruido que venía desde el Estrecho, fue ahí cuando vi ¡un chorro de agua salir del mar! Esperé un rato para ver si efectivamente lo que había visto era una ballena, pero nada… En eso dieron las 6:45 de la tarde y debía avisar a portería que empezaba el horario de cierre. Pero cuando hago el llamado por radio… ¡Una gran cola de ballena se asoma desde el mar! ¡No podía más de mi asombro! ¡Qué hermosa sensación! Incluso, en vez de informar por radio que empezaba el horario de cierre… Informé que estaba viendo una Ballena…

No conforme con eso… comencé mi retorno a la base, cuando en medio del bosque una pareja de pájaros carpinteros se cruzó por mi camino y fue así como terminó el mejor día que puede haber tenido en el Parque Historia Patagonia.

Mis días en el parque continuaron y todo se fue tornando más y más tranquilo, pues llegaba el otoño. Pero un buen día recibí un mail desde El Colorado, un centro de ski en Chile, en donde me estaban solicitando una entrevista para la posibilidad de trabajo en el área de servicio al cliente. Fue así como luego de dos entrevistas por skype y un viaje a Santiago, dejé mi trabajo en el Parque y comencé mi trabajo en El Colorado.

XXXI
Una Nueva Posibilidad

Este nuevo trabajo en El Colorado me daría una posibilidad de ahorrar dinero, y así volver a viajar a Europa, pero ahora no sabía cuál sería mi siguiente paso. Estaba analizando todas las posibilidades cuando se presentó aquella oportunidad, que había estado esperando hacía muchos años... ¡Ir a Suiza!, no era nada seguro aún pero al menos se había abierto una posibilidad de hacer un voluntariado de invierno en "Our Chalet" entre Diciembre del 2012 y Febrero del 2013. Apenas supe de esta posibilidad me contacte con Stephanie, la hermana pequeña de Fabián, a quien había encontrado por Facebook hacía algún tiempo, para poder contactarme con Bettina. Stephie me respondió... me envió el nuevo mail y la nueva dirección de Bettina... además me contó una ¡muy buena noticia! Bettina sería mamá. Luego de recibir este mensaje le envié un correo a Bettina para contarle que había una posibilidad de que viajara a Suiza y que si fuera así, me encantaría conocerla en persona y compartir un tiempo con ella.

Postulé al voluntariado sin tener nada seguro... solo mi esperanza en que todo resultaría. Y fue así como a principios de Junio me avisaron desde Our Chalet que había sido preseleccionada para ser voluntaria en el Chalet. Ahora me harían una entrevista por skype para luego hacer la selección definitiva del Staff de Invierno 2012-2013. A mediados del mes me harían una entrevista y ¡sorpresa! quien me haría la entrevista sería Koka, una de las chicas que había conocido en Francia, en Jambville...

Esto no me aseguraba nada... pero al menos el hablar con alguien que ya conocía, me haría estar más tranquila para la entrevista.

Fue así como el día de la entrevista llegó... viajé a Santiago para tener mejor calidad de internet, ya que en la precordillera de los Andes las señales no son muy buenas y no podía arriesgarme a que la conexión se cayera. La entrevista salió bien, y además me enteré que si postulaba a una beca que Suiza entrega a este tipo de proyectos, podría cubrir parte de mis gastos del viaje... Pero aún tenía que esperar la selección final...

Julio pasó entre mis primeros intentos de esquiar, la postulación y la entrevista... ¡Y llegó el gran día!... ¡Y sí! ¡Todo resultó! Estaba seleccionada para ser parte del Staff de Invierno del Centro de Guías Our Chalet.

¡Sentía una gran felicidad! Y ahora tenía muchas cosas por hacer: comprar pasajes, sacar visa, ahorrar dinero y mucho más.

Para el final de la temporada de ski había conseguido una serie de cosas: conocer un grupo de lindas personas, trabajar y convivir con ellas, aprender a esquiar (algo que anhelaba desde que tenía como 13 años), quedar seleccionada para Our Chalet, hacer los papeles para la visa de Suiza e ir buscando y cotizando pasajes a Suiza. Si bien no había ahorrado todo lo que quería ahorrar, tenía lo justo y necesario, más unos cuantos euros que tenía guardados desde mi regreso, el destino estaba de mi parte y tenía todo planificado y listo para hacerme vivir la más inolvidable de mis aventuras...

XXXII

Tiempo de Familia y Hogar

Luego de que se acabara la temporada en El Colorado, fui de visita a Talca por unos días, para saludar a mi abuelo y a mi familia. Grande fue mi sorpresa cuando uno de los días en que me encontraba con mi Tía Gloria en el campo, descubrí que Bettina me había escrito. Me contaba que había tenido su bebé, que se llamaba Nick y que había estado enfermo, por supuesto eso había ocupado todo su tiempo y energía. Y por eso no me había escrito antes, también me preguntaba si iría finalmente a Suiza... y que de ser así... le encantaría conocerme.

Emprendí el vuelo hacia mi ciudad nuevamente, tenía cerca de un mes y medio antes de tomar el avión que me llevaría de regreso a Europa. Eso significaba que necesitaría mantenerme por ese tiempo y tenía que gastar lo menor posible. Por suerte había hablado con mi ex jefe de Parque Historia Patagonia, quien amablemente me permitió volver como part time. Gracias a ello pude ahorrar un poco más y mantenerme ese mes y medio.

En el tiempo en mi hogar, aproveché de mimar mucho a mis perras, compartir con mis amigos y mi mamá quien a pesar de estar muy contenta de que se me diera una oportunidad como esta, no dejaba de estar triste por verme partir una vez más.

Por supuesto también me tomé el tiempo de ir los sábados a compartir con mis Guías del Grupo Guías y Scouts San José, e incluso me tocó participar de algunas actividades del Distrito, actividades donde participan también los demás grupos de la ciudad. Entre ellas, plantar árboles y una linda caminata a la Reserva Forestal de Magallanes.

También mis días en Punta Arenas me dieron tiempo para coordinarme con mi amiga Lilly, para poder ir a visitarla, en principio sería una visita unos días antes de que empezara el voluntariado, pero luego de saber que mi visa sería más larga de lo que esperaba, decidimos que me iría a su casa por más menos 20 días antes del voluntariado y otros 15 días después de que terminara.

Qué más podía pedir... la fecha de mi partida se iba aproximando y cada día estaba más cerca el día en que viajaría rumbo a Alemania y luego a Suiza. Tenía todo listo... ahora solo quedaba esperar...

XXXIII
El Comienzo de una Gran Aventura

El día de tomar el avión había llegado, y algunos amigos y mi mamá me fueron a dejar. Y si bien ninguna despedida es alegre, esta tuvo un sabor bastante dulce porque era el comienzo de un sueño que venía persiguiendo hacía muchos años.

Después de muchas horas de viaje aterricé una vez más en la ciudad de Frankfurt. Pero una mala noticia me esperaba en casa de mi querida familia Schiller, Oppa había enfermado y la familia no estaba del mejor ánimo... pero aun así se dieron el tiempo de acogerme de la mejor manera.

Los días comenzaron visitando a los sobrinos de Lilly... los que me tenían un gran cartel de bienvenida, en 4 distintos idiomas, especialmente hecho y pintado para mí.

El clima de invierno ya se hacía sentir y la nieve caía y caía. Esto dio paso a los monitos de nieve, a andar en trineo, a jugar con los niños, a paseos con Lilly, a visitas a Omma y a tantas otras cosas.

Al acercarse la Navidad comenzaron los mercados, y con mama, papa y Lilly visitamos la ciudad de Altensteig, en donde encontramos a los Exploradores de Cristo, algo parecido a scout pero mucho más cercano a la religión. Ellos estaban vendiendo comidas típicas de los mercados de Navidad... decidí comprarme algo para comer y a su vez comencé a conversar con uno de los chicos que atendía… luego de mucho pensarlo me convencí de preguntarle si podíamos ir a su grupo alguna vez, para ver cómo eran sus actividades y fue así como terminamos siendo invitadas a la actividad de Navidad… Una caminata por lo que los alemanes llaman " Schwarzwald" o Selva Negra, un hermoso bosque de pinos que se encuentra en el suroeste de Alemania.

Fue así como unos días antes de mi viaje a Suiza fuimos a esta actividad, primero nos fuimos a la casa de este scout que conocimos y luego nos fuimos en auto hasta las afueras de Schwarzwald. Tomamos un sendero en medio del bosque y empezamos a caminar… ¿Cómo describir aquella noche? Pinos tan altos como edificios, nieve hasta las rodillas y frío… mucho frío. Pero si tuviera que describir todo en una palabra… sería ¡Magia!... esa noche fue mágica.

La caminata no fue muy larga… pero fue preciosa, y nos llevó hasta un lugar en medio del bosque donde nos encontramos con el resto del Grupo. Fue ahí donde la magia comenzó… Un señor se acercó a mí… y en perfecto español ¡me saludó!, no lo podía creer… Él había estado viviendo en Chile por 20 años y había regresado a Alemania hacía tres meses. Estaba ahí con sus tres hijas chilenas, las cuales estaban muy contentas de hablar español nuevamente y compartir conmigo. Incluso iban traduciendo cada cosa que pasaba a mí alrededor.

Fue una noche maravillosa y mágica, que nos llenó de espíritu navideño y hermandad de Guías y Scouts.

XXXIV

Mis queridas Vollies

y los primeros días en Our Chalet

Mi tiempo en Alemania con Lilly y mi querida familia Schiller había terminado y era hora de empezar el viaje a Suiza, junto a Mama, Papa y Lilly. Como yo no tenía cámara fotográfica, Papa decidió prestarme la de él, una muy buena cámara Nikon que me permitió sacar de las mejores fotos que he sacado en mi vida.

Nos subimos los cuatro al auto y como siempre, o casi siempre, me dormí profundamente, tan profundamente que desperté horas después cuando pasamos la frontera de Suiza, y ya se comenzaba a notar el cambio de idioma o acento.

Al acercarnos a Adelboden, la nieve en el camino empezó a aparecer y con ella apareció, la preocupación de que no pudiéramos llegar al Chalet por la acumulación de nieve. De pronto... ahí estábamos a los pies de la montaña donde se encuentra el Chalet... ¡Y en eso! apareció un auto que nos hizo seña de luces. Y en un abrir y cerrar de ojos...había dicho hasta mañana a mi familia Schiller, cambiado de auto, saludado a Koka y Cath e iba colina arriba rumbo al Chalet.

Cuando llegué me encontré con una habitación lista y adornada para recibirnos, todo muy lindo... con globos, banderas y un cartel de bienvenida.

A mí llegada... volví a ver a Katie y a Sally (a quienes había conocido en Francia), me presentaron a Skipy (la gata que es la mascota del Chalet, o mejor dicho la encargada de control de plagas), a dos de mis queridas Vollies (este es el nombre que reciben las voluntarias) y a mi querida Sonia (una de las internas).

Las primeras Vollies e internas en conocer fueron: Rachel de Australia, Nicole alias Nick de Irlanda y Sonia de Ruanda. Al día siguiente llegaron las otras dos Vollies, primero Beckie de Escocia y luego Meg de Inglaterra, y unos días más tarde... llegaría Sam de Canadá, la otra interna.

La mañana siguiente, es decir mi segundo día en Suiza, lo comencé juntándome con mi familia Schiller, con los que dimos una vuelta por Our Chalet, y luego fuimos al pueblo, a Adelboden. Donde recorrimos el pequeño pueblo y luego almorzamos y pudimos deleitarnos con lo mejor de la gastronomía Suiza. Luego del almuerzo dije adiós a mi querida familia y regresé al Chalet. Ahí me encontré con Nick y Rachel, con quienes nos dispusimos a jugar con la nieve y hacer monos de nieve. Mi gran obra de arte esta vez fue una cabeza de nieve ¡con una gran sonrisa!, sonrisa que representaba por completo todos mi sentimientos en ese momento.

Avanzado un poco más el día llegó Beckie (una de las más jóvenes), la que se convertiría en mi hermana pequeña, pero no dejo de reconocer que cuando la vi me resultó algo intimidante... ¡era gigante! Bueno tal vez no tan gigante pero al lado mío... sí lo era. Luego de que esta pequeña gigante llegara, aún nos quedaba por esperar... pues aún faltaba Meg, quien tardó bastante, pero aunque llegó bien tarde, logramos resistir el sueño y esperamos despiertas para darle la bienvenida.

En las primeras noches en Our Chalet compartimos habitación, y entre que nos entrenaban y enseñaban como hacer actividades con los grupos, como hacer una cama, como limpiar los baños, entre otras cosas, compartíamos las noches conversando e impresionándonos todas juntas de las vistas de Suiza y de sus chocolates.

En lo personal... los primeros días no fueron nada de fáciles... El estar rodeada de gente de habla inglesa lo hacía bastante difícil, pues si bien hablo inglés... no es lo mismo hablar con un grupo de personas que tienen el inglés como una lengua adquirida, que hablarlo con aquellos que lo tienen como lengua materna. Mi velocidad de entendimiento no era la necesaria para seguir el ritmo de conversación de estas 4 nativas de habla inglesa. Pero luego de un tiempo me acostumbré a sus 4 acentos diferentes y a sus modismos, traídos de 4 distintos lugares (Australia, Escocia, Inglaterra e Irlanda).

En la primera reunión que tuvimos con el personal estable del Chalet nos comentaron algunas cosas: lo primero era que si queríamos podíamos hacer un video de Navidad para colocar en el sitio web del Chalet, para desear Feliz Navidad a todos nuestros seguidores, tarea en la que nos enfocamos apenas tuvimos un momento libre. Y lo segundo era algo que ellos llamaban el desafío de Our Chalet, que era algo así como una serie de pequeños desafíos que te daban la posibilidad de optar a sacar una insignia, especialmente creada para aquellos que al final del voluntariado obtuvieran 80 puntos o más. En un comienzo este desafío no me pareció como algo que yo haría... pero mientras analizaba si esto era para mí o no... Beckie saltó de su silla para hacer las 20 flexiones de brazos que estaban dentro de la listas de cosas por hacer.

Mientras yo seguía pensando si me subiría al barco del Desafío de Our Chalet, todas las demás habían ya tomado su decisión y hacían todo aquello que pudieran para obtener puntos, pero un buen día me embarqué sin darme ni cuenta. Todas habían decidido que era un buen momento para pasar la noche en el ático de una de las construcciones del Chalet, lugar que es llamado Main Chalet, todo comenzó con armar nuestras camas en colchones en el ático y llevar nuestros pijamas, ahí notamos que el lugar era muy pequeño, ni siquiera yo entraba de pie completamente, ¡Aunque por poquito! Y una vez en nuestras camas nos dimos cuenta lo oscuro que era... ¡no se veía nada! pero ¡nada! Y de hecho mantuvimos una conversación sin mucha lógica acerca de lo oscuro que estaba y como ni siquiera podíamos ver nuestras manos ni donde estaba la que estaba al lado de cada una. Pero el estar todas juntas ahí nos ayudó a unirnos y a mí en lo personal, me dio el primer empujoncito que necesitaba para empezar con el Desafío de Our Chalet.

Ese mismo día, fue el día que Sam llegó al Chalet pero ella no se animó a participar de nuestra pijamada en el ático, pues luego de muchas horas viajando desde Canadá, estaba completamente exhausta.

A ese primer desafío le siguieron una serie de pequeños desafíos que ya les contaré a medida que avance la historia, como cuando con Rachel tuvimos nuestro día libre y fuimos a descubrir el pequeño pueblo de Adelboden y nos subimos a la fuente de la plaza principal y nos tomamos las respectivas fotos como prueba de que habíamos hecho el desafío.

Los días siguieron transcurriendo entre fotografías para la página web y para el video de Navidad, videos, juegos y entrenamientos. Y fue así como el día de cambiarnos de casa llegó, ustedes dirán ¿a dónde? Hasta entonces las 5 vollies habíamos estado compartiendo la habitación del piso superior de Spycher Chalet (otra de las instalaciones de Our Chalet), nos había servido mucho para conocernos y comenzar a armar nuestro equipo de Vollies, pero era tiempo de que avanzáramos en nuestra estadía, y nos cambiáramos a la que sería nuestra casa definitiva... Stökli, la legendaria casa de los voluntarios.

XXXV
NAVIDAD Y AÑO NUEVO EN SUIZA

Llevábamos ya unos días sacando fotos y haciendo videos para nuestro saludo navideño, pero aún no habíamos decidido que canción o música usaríamos. Luego de sentarnos a conversar al respecto decidimos que la canción sería... "Feliz Navidad". Si bien nadie más en el Chalet sabía español... ¡Todas terminaron cantando la canción! ¡En perfecto español! Luego de varios días de trabajo en equipo y de varias horas de edición hechas por Meg... ¡el video estuvo listo! ¡Y fue todo un éxito!

Al acercarse la Navidad teníamos una nueva tarea... arreglar Main Chalet que no había estado completamente operativo, porque estaba en remodelación. Una de esas tareas fue limpiar, arreglar y decorar Main Chalet... Y el principal adorno que debía lucir nuestro comedor eran los "snow flakes" (copos de nieve), que eran unos adornos de papel. Necesitábamos bastantes, para poder colgar en todo el cielo del lugar, así que una de las primeras cosas que hicimos al llegar a Stökli, fue hacer manualidades...

Al llegar el día 24 los clientes que pasarían la Navidad con nosotros ya habían llegado y teníamos planificada una caminata hacia un lugar donde están los talladores de madera. Es una pequeña tienda llena de cosas talladas, la caminata fue muy linda y el día transcurrió sin contratiempos y con un lindo clima primaveral (pero era invierno).

Al llegar al Chalet yo pensé que nos esperaba una cena navideña... algo especial, pero no fue así. La comida estaba rica pero nada muy distinto a nuestras cenas de cada día, luego de eso jugamos un par de juegos de mesa y nos fuimos a acostar.

Recuerdo haberme sentido un poco triste... pues extrañé el esperar las doce con más gente y darnos los respectivos abrazos de Navidad. Pero esta vez no había sido así, a eso de las 11 pm, de las 7 que vivíamos en Stökli 4 se fueron a la casa, otras dos decidieron ir a misa al pueblo y yo me quedé tomando unas maravillosas fotos de esa noche estrellada. A las doce estaba acostada chequeando y posteando en mi Facebook, deseándoles a todos mis amigos a través de Internet una feliz Navidad.

El día de Navidad nos levantamos un poco más tarde de lo habitual y ayudamos a preparar el "Brunch", que es una mezcla entre desayuno y almuerzo (en inglés). Estuvo todo muuuuy rico, panqueques, huevo revuelto, frutos del bosque, entre otras cosas ricas. Después de nuestro delicioso brunch nos fuimos a una caminata con raquetas de nieve, hacia lo que en el Chalet llaman El Árbol Mágico, es un árbol muy antiguo y grande que está hueco y lo puedes escalar por dentro y salir por una apertura a la altura de sus primeras ramas. Además, una vez que lo escalas puedes pedir un deseo y créanlo o no, al menos el mío, se hizo realidad. También debo contarles que es uno más de los desafíos del Chalet.

Después de la caminata, llegamos a comer unos ricos snacks y luego de eso, había una actividad voluntaria a la que podíamos ir, que era tirarnos en trineos. Lamentablemente yo estaba muy cansada y me dormí, por suerte desperté a tiempo para hacer unos monitos de nieve y ayudar con la preparación de la comida.

Luego tuvimos una gran cena Navideña, recibimos varios regalos de los clientes y de los vecinos del centro, pero los mejores regalos de todos fueron nuestros polerones de Our Chalet y nuestros turcos con nombre. Para finalizar la noche bailamos un poco de cumbia (guiada por mí), Baile Ruandes (guiado por Sonia) y algunos bailes Ceilidh (guiados por Beckie).

Fue una linda e inolvidable Navidad después de todo...

Unos días después de Navidad y antes de Año Nuevo, fue mi turno de hacer otro de los desafíos... sumergirse hasta las rodillas en un curso de agua natural por 5 segundos... Que les puedo decir... tuvo su encanto sentarse en la nieve sacarse los zapatos y los calcetines y caminar cuidadosamente sobre la nieve, hasta llegar al río. Fue una experiencia helada... pero linda, que además me dejó unas hermosas fotos, ¡como prueba de mi valentía!

Después de unos días de entrenamiento y una visita por el día a Berna, llegó el día 31 de Diciembre, el año se acababa y debíamos darle buen término. Comenzamos el día con una caminata a los talladores de madera... pero esta vez había algo distinto... Beckie y yo íbamos a cargo, guiando al grupo de 3 Scout Suizos y uno británico. Yo al menos no estaba muy segura del camino, no sabía si iba a ser capaz... todo salió bastante bien, sólo intenté tomar el camino equivocado... ¡2 veces! Por suerte ahí estaba mi hermana pequeña Beckie para velar porque todo saliera bien, y así fue. Incluso tuvimos tiempo para comer un rico queque de limón, compartir y conversar un tiempo más con nuestro grupo. Fue tal la buena impresión que tuvieron de nosotras que nos prepararían una rica sorpresa para la noche de Año Nuevo.

Al llegar de la caminata, nos aprestamos a ayudar a levantar la carpa roja, que es una carpa circular, especial para invierno, que lleva un techo en punta. La cual permite hacer fogatas dentro de la carpa pues la parte superior del techo se puede abrir casi en su totalidad.

Al llegar la tarde... cenamos (¡sí! Cenamos a las 6 de la tarde), bailamos unos Ceilidh, luego hicimos algunas actividades, algunas de nosotras nos quedamos preparando todo para el fogón y otras se fueron a hacer una caminata al Árbol Mágico con un grupo. Hicimos un lindo fogón con participación de clientes y staff, después nos fuimos todos juntos a mirar los fuegos artificiales.

Al terminar la noche el grupo scout de Suiza que se estaba quedando en el Chalet, nos preparó una sorpresa, una rica degustación de quesos, whiskey, chocolates, entre otras delicias Suizas... ¡qué manera de partir el Año!

Pero eso no era nada... con Beckie y Meg, habíamos decidido pasar la noche en la carpa del fogón, ya que uno de los desafíos de la lista era... pasar una noche en carpa. A eso de las 5:30 de la mañana del día 1° me desperté con mucho frío... además Meg y Beckie, estaban apretando mi cabeza... Al parecer ¡ellas también tenían mucho frío! aún así seguí intentando dormir hasta que una de nosotras hizo la pregunta mágica ¿Qué hora es? Y ¡aún más mágica la respuesta! ¡Las 6 y 30! ¡PRUEBA SUPERADA! y nuestra ficha de los desafíos sumaba unos cuantos puntos más. Tomamos rápidamente nuestras cosas y corrimos a casa a refugiarnos de la nieve en nuestras cómodas y cálidas camas.

XXXVI
ENERO: ACTIVIDADES Y NOVEDADES

Enero fue un mes de muchas cosas hechas y por hacer. Comenzamos con pasar la noche en carpa, como ya les conté anteriormente, pero este sería sólo el comienzo de un mes muy ajetreado.

Un día en que estaba libre decidí que era hora de ir a ver si aún recordaba cómo esquiar... Lo bueno era que iría con Beckie y Meg, quienes conocían mejor que yo las canchas de Adelboden y me podrían guiar, disfrutamos mucho de la tarde, yo conociendo nuevas pistas y recordado como esquiar, y las chicas haciendo carreras y pequeños saltos... El problema fue que Meg y Beckie, debían estar de regreso a las 5 de la tarde y no quedaba mucho tiempo... Para ellas no era un gran problema pues ambas esquían muy bien y rápido... ¡¿Pero yo?! Respiré profundo y saqué valentía y memoria, y pregunté a Meg, por las instrucciones para volver.

Luego de algo más de hora y media logré regresar... no fue tan difícil sólo tuve que seguir las instrucciones y preguntar un par de veces... y llegué sana y salva al Chalet. Luego, ya me contarían las chicas, que yo había estado a 5 minutos de perder la última telesilla de regreso. Ellas habían preguntado a qué hora cerraban y se habían dado cuenta que estaba al límite de la hora, pero no tenían tiempo para esperar a ver si lograba tomar la última telesilla por lo que emprendieron su carrera de regreso al Chalet y una hora más tarde descubrieron que ¡lo había logrado!

Otra de las extrañas pero entretenidas actividades que organizaron las Vollies fue un picnic con osos de peluche... Si, tal cual lo leen, nadie que no trajera un peluche, tenía derecho a participar de tan magno evento. Tuvimos cosas muy ricas y disfrutamos una de esas pocas tardes de sol y sin nieve en el suelo que tuvimos en el Chalet, respirando el aire de los Alpes y disfrutando de la hermosa vista.

Otro día soleado en los Alpes, Beckie y yo, decidimos cumplir con otro de los desafíos del Chalet, ir en Bicicleta desde Our Chalet hasta Frutigen. No sé si ya lo habían supuesto pero ¡los Alpes son bastante empinados!... y sí, en algunos momentos fue una pesadilla andar en bicicleta por esas laderas, pero fue una más de las pruebas superadas. Al menos yo me devolví en bus... Beckie, ¡lo hizo en bicicleta!, bueno... pero en mi defensa debo decir que ella tiene varios años menos. Además ese mismo día, sin pensarlo mucho, salimos a vivir la bohemia de Adelboden, terminamos con Meg y Beckie compartiendo unos tragos en Alpenrose, un bar del pueblo (hay que decir que esto también es parte del Desafío, visitar 3 locales nocturnos del pueblo, ya fueran bares o discos).

Es casi imposible resumir y contar, cuántas cosas hicimos en Enero. Compartir un día con los voluntarios del Centro Scout Kandersteg (también llamado KISC), fue una de esas cosas, ese día fuimos a andar en trineo a Tshenten y además yo probé mi primer fondue de queso, que debo confesar, no fue de mis comidas favoritas, aunque, me divertí bastante con el juego de tener que dar besos en la cara a distintos integrantes de la mesa, si perdías tu pan en el fondue. Lo malo fue el desastre que quedó en la mesa una vez terminada la cena, nada muy importante la verdad, porque con la ayuda de todas las Vollies en un par de minutos tuvimos todas las mesas limpias.

También dentro de las actividades que hicimos en Enero, fue recibir a 4 Scouts Daneses... ¡Para mi sorpresa! yo conocía a uno de ellos. Compartimos caminatas, actividades, cenas y veladas junto a los chicos, pero sobre todo compartimos una experiencia inolvidable, fue tal el lazo que estrechamos, que incluso nos invitaron a todas a participar del Vekla que se realizaría en Marzo... Si, ¡efectivamente! Uno de estos scout venía de Houens Odde el centro Scout donde yo serví el 2011 y donde Claudia, una amiga de Punta Arenas de mi Grupo Guías y Scouts se encontraba actualmente.

Mientras el mes de enero transcurría yo estaba muy feliz de estar viviendo esta grandiosa experiencia pero a su vez estaba perdiendo las esperanzas de recibir noticias de Bettina, ya que no sabía nada de ella desde octubre del 2012. Pero un buen día, al revisar mi e-mail, me encontré con la agradable sorpresa, de que tenía un nuevo mail, enviado por Bettina. En él me decía que estaba muy contenta que estuviera en Suiza, que le encantaría que nos juntáramos y que si tenía tiempo disponible podríamos acordar un lugar y una fecha. Apenas recibí ese mail, mi corazón se aceleró... eso significaba que existía la posibilidad de conocer a la hermana de Lucky. Me apresuré a responderle y comentarle cómo funcionaban mis días libres y cuáles eran mis planes para después de terminar mi voluntariado, los cuales consistían en viajar en tren a Alemania a casa de Lilly nuevamente, y además le pregunté qué le convenía más a ella.

Coincidentemente, unos días antes de recibir el mail de Bettina, Samuel, un amigo suizo que había conocido en el Jamboree de Inglaterra me escribió un mensaje por Facebook. En él me decía que había visto mis estados de Facebook y que se había dado cuenta que estaba en Suiza. Me preguntaba dónde estaba y cuánto tiempo me quedaría, además de dejarme invitada a su casa en caso de que pasara por Zurich.

La segunda respuesta que recibí de Bettina fue algo más decidora, en este segundo mail, me dijo que las opciones eran varias y que ella tenía flexibilidad: me podría venir a ver, o yo podría ir a visitarla a su casa o podríamos visitar a sus padres y con ello la casa donde Fabian creció... Tantas ideas e imágenes iban y venían de mi cabeza... no podía decidirme... no podía escoger... y no lo hice, le respondí a Bettina que me encantaría conocerla y mostrarle Our Chalet y sus hermosos lugares, pero que también me encantaría conocer su casa y la casa de sus papás. Además le comenté que tenía un amigo que me había invitado a Zurich, lugar que queda solo a unas pocas horas de la casa de Bettina y que también quedaba muy cerca de la casa de sus padres.

El mail estaba enviado, ahora sólo debía esperar por una respuesta...

Mientras esperaba... transcurrieron los últimos días del mes con actividades como ir a hacer esquí de fondo, Hay que decir que es bastante impresionante que 4 novatas (Beckie, Meg, Sam y Yo), hiciéramos 9 km de ski de fondo, lo cual incluyó pistas que definitivamente no eran para principiantes, pero lo logramos... ¡no sin caídas! pero hecho de todas maneras.

En fin... al llegar los últimos días de este maravilloso mes... habíamos: esquiado, ido en bicicleta a Frutingen, salido de fiesta a Adelboden, ido a ver la copa del mundo de esquí varones, andado en snowboard, tenido un día de reunión con el staff de KISC, compartido unos muy lindos días con los daneses, aprendido esquí de fondo, entre otras cosas.

Pero aún faltaba la coronación del mes, con un desafío más... unos de los más difíciles... ir a Kandersteg caminando... Era 26 de enero, cuando habiendo dejado todo listo la noche anterior (mapa en el celular, snacks, botellas de agua, etc), Beckie, Meg y yo, nos despertamos para tomar un buen desayuno y abrigarnos... ¡mucho!, a eso de las 6 am, cuando aún era de noche, emprendimos el camino... Estaba tan helado que para eso del mediodía cuando nos detuvimos a almorzar, el agua de nuestras botellas que iba en constante movimiento por nuestro ritmo de caminata había hecho que se les formara ¡un tapón de hielo a cada botella!... Calculamos que la temperatura alcanzó unos ¡menos 15° Celsius! Pero aun así, caminamos 25 km en donde vimos: vacas, burros, cerros, nieve, hielo, etc. La vista era hermosa y si bien la caminata era larga y sacrificada... ¡lo valía!

Luego de 7 horas de caminar por nieve, llegamos a Kandersteg, un pueblo vecino a Adelboden, en donde se encuentra el Centro Scout con el mismo nombre del pueblo. Justo ese día tenía lugar un evento en el pueblo... era el día de lo antiguo, por lo que la gente se vestía con atuendos de la época y se paseaba por el pueblo. Fue por ello que nos topamos con unos personajes vestidos a la antigua usanza, que andaban patinando en hielo. Los miramos y los miramos, hasta que descubrimos que arrendaban patines y fue ahí cuando tuvimos una muy buena idea, al menos así nos parecía en ese momento. Patinamos durante hora y media y aprovechamos de enseñar un poquito más de patinaje a Meg. Seguimos el día con una visita a KISC, en donde compartimos un rato con su staff y cenamos, para luego emprender el regreso en bus. Al llegar al pie de la colina, en donde esta Our Chalet, yo ya no podía más... cómo sería mi cansancio, que me aproveché de las más jóvenes y sólo me deje guiar colina arriba, caminando sin siquiera mirar... De hecho iba con los ojos cerrados.

Y lo logramos, cumplimos muchas metas en este mes, pero yo seguía esperando una respuesta...

XXXVII
LA PEQUEÑA GRAN GIGANTE

Febrero había llegado y nos deparaba muchas cosas... buenas y malas, alegrías y penas...

Un día Beckie me cuenta que su papá estaba con un cáncer terminal y que le habían dado solo un par de meses de vida... La noticia me impactó... no supe muy bien que decir...

Pero los primero días del mes siguieron transcurrieron con normalidad entre la visita del pololo de Beckie, ir a esquiar, preparar un nuevo video para el Día Mundial del Pensamiento, armar puzles, jugar cartas, hacer actividades, limpiar y estar a cargo de la cocina...

Un día en el que estaba libre y que había estado durmiendo gran parte de la mañana... fueron a preguntar por Beckie, pero ella había salido a dar una vuelta, en sus horas libres, y no había llevado su celular. Luego volvieron a preguntar por ella y fue ahí cuando una a una nos fuimos enterando lo que estaba sucediendo... El papá de Beckie, había empeorado mucho, y había hablado con la mamá de Beckie pues tenía miedo de irse y no alcanzar a esperar a su hija.

Ese fue un día de un fuerte dolor para Beckie por supuesto, pero también para todas nosotras... Mi pequeña gran hermana enfrentó la noticia con lágrimas en los ojos pero con una admirable valentía y fuerza... el resto del día prosiguió acompañándola y ayudándola a hacer su bolso… no había nada dicho, por lo cual ni siquiera sabíamos si volvería antes de que nos marcháramos.

Cada cierto rato esta pequeña gigante nos hacía reír con alguna tontería que decía, pero todas sabíamos que era su forma de enfrentar este trago amargo. Esa noche decidimos dormir casi todas juntas en el sofá- cama del living y nos quedamos conversando hasta tarde… pero llegó el momento de dormir… Y fue ahí cuando yo recordé todas aquellas personas que me han dejado y recordé como me sentí en esos momentos en que llegaba la soledad y me hacía sentir la ausencia… Eso me hizo estar alerta a mi pequeña hermana… abrazarla y hacerle masajes en la sien para que se relajara y tratara de dormir algo, mal que mal le esperaba un largo viaje a Escocia al día siguiente.

Todas nos despertamos a las 5 am para decirle adiós a Beckie, no sabíamos si la volveríamos a ver… pero queríamos darle nuestro apoyo a través de un abrazo de equipo.

Al irse Beckie, el sentimiento colectivo fue muy agrio… en lo personal tuve un nudo en la garganta que no me lo pude quitar con nada… lo único que calmó mi espíritu fue ordenar un poco la pieza de Beckie, para que estuviera ordenada si es que volvía…

Además, el viaje a casa de Beckie no fue nada fácil y le tomó mucho más de lo normal…

El único momento en que mi alma descansó, fue cuando supe que mi pequeña hermana había llegado a casa y su papá tuvo el tiempo de despedirse de ella, y Beckie tuvo el tiempo de despedirse de él... En lo personal el hecho de que Beckie alcanzara a llegar me hizo feliz, pues yo sabía perfectamente lo que era perder a alguien querido estando lejos... mal que mal, no me había pasado una sola vez sino tres (con mi abuela, Lucky y mi tía Kena)... y la sensación de no haber dicho adiós te persigue por siempre...

XXXVIII

La Preparación

El resto de la semana se nos hizo muy difícil, no sólo porque extrañábamos a Beckie sino porque además fue la semana con más clientes, ya que tuvimos un grupo de pequeñas Brownies haciendo actividades en el Chalet. Por suerte éramos un equipo, y a pesar de estar con una menos, recibimos todo el apoyo de las trabajadoras estables, lo que nos hizo sobrellevar este tiempo de la mejor manera.

La ausencia de Beckie nos había unido más que nunca, a pesar del cansancio nos hicimos el tiempo y las ganas de celebrar con Sonia su cumpleaños, que por cierto fue el primero que le celebraban, ya que en su cultura no se acostumbra a celebrar el cumpleaños.

Además, una noche hasta nos dimos el tiempo de soñar y planear cómo y cuándo sería nuestro siguiente encuentro. Pasamos por los más diversos proyectos como tener una cadena de Pub en todo el mundo y viajar de un lado a otro para supervisar nuestro negocio, incluso designamos las tareas que cada una de nosotras tendría. Luego decidimos que el siguiente encuentro seria para el 2016 en Nepal… Ustedes dirán… ¿Por qué el 2016? y ¿por qué Nepal? La verdad es… porque si… nos pareció que 3 años después sería suficiente tiempo sin vernos y Nepal… porque era el sueño de al menos dos de las que estaban ahí.

Además yo les dije que después de Nepal tenía que ser Patagonia para mis 40… ¡Sería un gran cumpleaños!

En este tiempo también recibí la respuesta de Bettina y era tal y como yo la habría soñado, me decía que me podía ir a ver al Chalet y que además después de eso si podía pasar por Zurich un par de días, me podía llevar a su casa en Zug un día y a la casa de sus padres al día siguiente. Con esto contacté a Samuel para ver si me podía alojar un par de noches en su casa en Zurich y todo calzo perfecto.

¡El 24 de febrero conocería a Bettina!, estaba muy emocionada pero en lo profundo de mi alma no sabía muy bien como sería la situación...

Unos días antes del 23 recibimos una buena noticia... Beckie volvería... y gracias a un dinero que los papás de Meg habían dejado para nosotras en su visita al Chalet, planificamos una comida... sería la celebración de la graduación de Sonia y además la bienvenida de Beckie...

La noche del 23 fuimos todas juntas a buscar a Beckie al bus y luego caminamos todas juntas hasta el restaurant en donde cenaríamos, ahí nos encontramos con Katie y disfrutamos de unas ricas pizzas, cervezas y postres.

Luego de eso me fui a dormir con un nudo en el estómago y con mil y una incertidumbres en mi cabeza... Mañana sería el gran día...

XXXIX
BETTINA, NICK Y LOS ÚLTIMOS DÍAS

El 24 me levanté temprano pues había quedado de juntarme con Bettina a las 10:30 al pie de la colina. Comencé a bajar aquel camino que había bajado tantas veces... pero esta vez no sabía cómo sentirme... no sabía cómo saludarla, no sabía muy bien que hablar con ella... tenía miedo de que no resultara... Estaba en eso cuando de pronto un ciervo se cruzó corriendo por el camino en frente mío, a solo unos metros... entonces supe que todo saldría bien... ¡eso era una señal!

Continué camino abajo y recibí un llamado al teléfono móvil que me habían prestado en el Chalet. Era Bettina quien me decía que me estaban esperando... ¿estaban? ¡Sí! No tardé en descubrir que Bettina y el pequeño Nick me esperaban abajo...

Al verla me acerqué... y ella lo facilitó todo pues me dio un abrazo y me dejó cargar a Nick...

No saben la emoción que sentí... finalmente había conocido a su hermana luego de 14 años y además tenía el privilegio de conocer al pequeño Nick.

Caminamos las 2 juntas, llevando a Nick en el coche, hasta llegar al Chalet. Una vez ahí les presenté a las Vollies, a las trabajadoras estables, a Skippy por supuesto, además de mostrarles las instalaciones del Chalet.

Luego le dimos algo de comer a Nick y bajamos hacia el auto para ir a comer a Adelboden.

Pasamos unas horas comiendo cosas ricas, jugando con Nick y conversando de nuestras vidas... Al terminar la comida le dije que me dejara en el pueblo... que yo volvería caminando...

Luego de decirles adiós, emprendí mi camino... no pude contener mis lágrimas al darme cuenta de lo que había sucedido... No podía creer que hubiera pasado... pero sí, había conocido a la hermana de Fabián y había salido todo perfecto... Era Feliz... ¡inmensamente feliz! Luego de eso tuvimos una última noche de fiesta, las 7 nos dirigimos al pueblo a bailar, lo pasamos muy bien... y al llegar a casa tuve la oportunidad de conversar con Beckie un poco más acerca de lo que había pasado, y por esas cosas de la vida me acordé de otra de mis grandes amigas, quien también había perdido a su papá hacia algunos meses... Al terminar de hablar con Beckie en vez de irme acostar, llame a mi amiga Romi... quien me dijo que la llamaba justo a tiempo, que necesitaba hablar con alguien... hablamos un rato y luego cuando ambas estuvimos tranquilas, cortamos y me dormí.

El final de una gran etapa estaba llegando... Gracias a las Vollies, las internas, a Katie, Catt y Koka, que me animaron a terminar los desafíos, conseguí el parche y logré cumplir con los 80 puntos, incluso hice más de los que pedían. Hasta me animé a escribir un blog en inglés en la página de Our Chalet, acerca de esta maravillosa experiencia y de cómo estas 6 extrañas se habían convertido en mi familia y una casa de madera en los Alpes se había convertido en mi hogar...

XXXX

LUCKY

Mis días en el Chalet se habían terminado, y la hora de decir adiós había llegado, no puedo explicar cuanto lloré, o mejor dicho lloramos... La primera en irse fue Rachel, luego le siguió Nick y Meg y llegó mi turno... no podía dejar de llorar... no podía convencerme que se había terminado... que luego de dos meses y medio estaba dejando una parte tan importante de mí en ese lugar... Porque sólo Our Chalet sabe lo que significó esta etapa para mí y mis compañeras. Llegamos a ser un gran equipo... Pero se había acabado y entre abrazos, besos y lágrimas, dije adiós...

Este había sido sólo el final de una etapa... ahora me esperaba un nuevo cierre...

Ese día viajé hasta Zug para encontrarme con Bettina y Nick nuevamente, dejamos mi bolso en un casillero y caminamos a lo largo de la costa de un lago, hasta llegar a la casa de Bettina... ahí comimos algo, jugamos con Nick, conversamos, me mostró su casa, me abrió las puertas de su hogar.

Luego de ese maravilloso día me fue a dejar con Nick a la estación de tren, desde adonde me dirigí a Zurich. En Zurich me encontré con Samuel, quien me fue a buscar, me llevó a su departamento, me presentó a sus amigos, compartimos una cena y me ayudaron a coordinar con Bettina, para que me pasara a buscar a ese lugar al día siguiente.

Esa noche dormí profundamente, como armándome de fuerzas para el día que se aproximaba.

El 4 de Marzo del 2013, Bettina me fue a buscar y emprendimos un viaje en auto de un poco más de una hora... Nos dirigíamos a Oppikon, a la casa de Fabián, a la casa de Lucky... Al aproximarnos, desde el auto Bettina me mostró las tierras de sus papás, y en la cima de una colina me indico un árbol, grande y hermoso... y me dijo que ahí estaban las cenizas de Lucky...

Nos bajamos del auto y los papás de Fabián y Bettina se acercaron a saludarme con el mismo calor y ternura con que Bettina me había saludado aquella primera vez a los pies de la colina de Our Chalet.

Llegamos justo a la preparación del almuerzo y mientras la mamá de Bettina cocinaba, yo conversaba con todos ellos... de todo un poco... pero no de Lucky. Una vez listo el almuerzo, nos sentamos todos a la mesa incluido Nick. Al terminar de comer, Bettina con el permiso de sus papás, me mostró la casa... Fue así como pasamos por la que había sido su habitación y por una oficina en donde había fotos de todos los hijos... entre esas fotos estaban dos fotos, en las que salíamos juntos... Esas fotos habían sido tomadas en el Jamboree hacía más de 14 años...

Después fuimos a dar una caminata con el papá, la mamá, Bettina, Nick y su perrita. Caminamos todos juntos... ahí fue cuando el papá me fue contando como habían trabajado esta tierra, como en su tractor tenía un asiento en el que llevaba a sus hijos, y que Fabián, solía dormirse en él.

A no mucho andar llegamos ahí... al Árbol... es un árbol precioso, ubicado en la cima de una colina desde donde se ve la casa y las tierras de sus padres. Este árbol fue plantado cuando Fabián nació y por ello decidieron depositar ahí sus cenizas. Junto al árbol, hay una banca que tiene tallado su nombre, que fue un regalo de cumpleaños...

Me acerqué a ese árbol... y supe que estaba cumplida la promesa que alguna vez me había hecho a mí misma y a él... nos habíamos vuelto a encontrar...

Debo agregar que Lucky significa: con suerte... A decir verdad quien tuvo mucha suerte fui yo, pues tuve la suerte de conocerlo y la suerte de compartir con él y la suerte de que él pasara por mi vida y cambiara mi destino.

En una pequeña estaca que hay junto al árbol hay una foto de un águila con la siguiente inscripción:

"Dios te dio un espíritu con alas para que te remontes por el vasto firmamento del Amor y la Libertad.".

Sé que no es la típica historia de cuentos de hadas, con un "y fueron felices para siempre", pero es mi historia y gracias a Fabián estoy donde estoy y he hecho lo que he hecho. El destino me guió hasta él, conectando cada día de mi vida con un sólo objetivo, el reencuentro con "Lucky"...

Gracias mi ángel, descansa tranquilo... que yo seguiré mi vuelo...

AGRADECIMIENTOS

Quisiera agradecer de corazón a todos aquellos que de alguna u otra manera contribuyeron a este proyecto que nace de la necesidad de contar mi historia. En especial a mi Madre, mi Familia, mis amigos y compañeros de Vida.

Especiales agradecimientos a:

-Grupo de Guías y Scouts San José

-Asociación de Guías y Scouts de Chile

-Organización Mundial del Movimiento Scout

-Asociación Mundial de las Muchachas Guías y las Guías Scout.

Buena Caza...

Printed in Great Britain
by Amazon